重返杨匏安烈士在广州的历史时空

南粤古驿道研究课题组 ◎ 主编

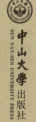

中山大学出版社
·广州·

版权所有 翻印必究

图书在版编目（CIP）数据

重返杨匏安烈士在广州的历史时空 / 南粤古驿道研究课题组主编. —广州：中山大学出版社，2019.4

ISBN 978-7-306-06596-4

Ⅰ.①重… Ⅱ.①南… Ⅲ.①杨匏安（1896—1931）—生平事迹 Ⅳ.① K827=6

中国版本图书馆 CIP 数据核字 (2019) 第 063838 号

出 版 人：王天琪
策划编辑：嵇春霞
责任编辑：高　洵
责任校对：罗雪梅
封面设计：林绵华
装帧设计：林绵华
责任技编：黄少伟
出版发行：中山大学出版社
电　　话：编辑部 020-84111946，84110779
　　　　　发行部 020-84111998，84111981，84111160
地　　址：广州市新港西路135号
邮　　编：510275　　传　真：020-84036565
网　　址：http://www.zsup.com.cn　E-mail:zdcbs@mail.sysu.edu.cn
印 刷 者：广州家联印刷有限公司
规　　格：787mm×1092mm　1/16　13.75印张　136千字
版次印次：2019年4月第1版　2019年4月第1次印刷
定　　价：56.00元

如发现本书因印装质量影响阅读，请与出版社发行部联系调换

本书编写组

主　编

南粤古驿道研究课题组

编写人员

许瑞生：建筑学硕士、人文地理学博士（负责撰写前言和
　　　　第1～5篇文章）

曹　劲：建筑学博士（负责撰写第7篇文章）

郭昊羽：建筑历史与理论学博士（负责撰写第8篇文章）

梁迪宇：文学硕士（负责撰写第6篇文章）

目 录

- 前　言 /I

- 广雅书院、杨家祠道、时敏路、文明路和恤孤院街
  —— 兼论粤港澳大湾区文化遗产游径的历史素材 /1

- 重返百年历史时空："杨匏安在广州生活和工作的
  重要场所"读解 /49

- 那年那月那日的人和事 /93

- 418 个月的春华秋实 /119

- 1919 年那间平凡而光芒四射的小屋 /135

- 杨家祠门头壁画简介 /145

- 1923 年，从杨家祠到恤孤院后街 31 号 /151

- 红色之路：由杨匏安足迹看中共早期革命活动在广州的
  空间分布 /181

前　言

2019年南粤古驿道活化利用工作的重点放在红色遗珍的挖掘复活上。岐澳古道珠海段重要节点为北山杨家祠，这是华南传播马克思主义第一人、中国共产党第一批党内监察干部之一杨匏安烈士的旧居。近期，珠海杨匏安纪念馆开馆，民众从中可以领悟到大革命时期共产党人艰苦卓绝的信仰追求。2018年12月6日，国家文物局局长刘玉珠同志在珠海杨匏安纪念馆调研。玉珠同志在现场表示深受教育，同时还认为应大力宣传杨匏安烈士的贡献。

同时，在刘玉珠局长的关心支持下，经省文物鉴定站的文物专家鉴定，珠海杨匏安纪念馆有三件藏品予以文物定级。第一件是杨匏安亲笔书写的《十一月既望泊舟星架坡港》和《寄小梅》诗作二首（写在一张纸上）原件，定为国家二级文物。这是大革命失败后，杨匏安写下并寄给上海的堂妹夫霍志鹏（小梅）的诗作，表达了自己无限忠于党和人民的决心。此为杨匏安存世的唯一诗稿手迹，流传有序，由霍志鹏后人霍宝莲伉俪从上海带到珠海捐赠给珠海市博物馆。第二件是杨匏安使用过的烟斗，定为国家三级文物。这个烟斗是杨匏安生前随身带着的一件物品，保存完整，品相很好。此烟斗由杨匏安四儿

子、离休干部杨文伟伉俪捐赠给珠海市博物馆。第三件是民国十八年（1929）出版的杨匏安烈士原版《西洋史要》一书，定为国家三级文物。1929年，杨匏安耗时三个月，编译出20余万字的《西洋史要》一书，开中国国际共产主义运动史研究之先河。此书由收藏家付洪波于2018年捐赠给珠海市博物馆。

2018年12月7日，相关部门人员到杨匏安烈士在广州寓居的杨家祠调研，但见其杂乱败落、惨不忍睹。此次现场考察以现状自我教育，使不少在场调研者心情沉重，深感愧疚。

杨匏安烈士22岁时离开珠海北山杨家祠后就再也无法回乡。1927年，他离开广州杨家祠，穿越梅关古道赴汉口，35岁时被杀害于上海龙华监狱。

1919年11月，杨匏安参考《新青年》上发表的李大钊、陈启修和顾兆熊的文章，集三家之大成，将其改写后文笔流

畅，可读性大增，并于1919年11月至12月在《广东中华新报》上连载19天次，在岭南率先宣传马克思主义思想。李、陈、顾三位大师是北京大学教授、官派留日留德并获得学位的大学者，而杨匏安是年仅23岁、到过日本横滨只是勤工俭学、为七口之家生计忙于兼职奔波的中学老师和报纸撰稿人，但他们均有着共同的抱负和信仰。

更难得的是，杨匏安冒着杀头的风险，将自己在广州杨家祠的家提供给集体作为广东共产主义小组、共产党广东区委、社会主义青年团的活动场所，以及省港大罢工的筹款地、黄埔军校共产党员的报名处，为共产党人服务达10年之久。

广东省人民政府已从城乡资源保障工作专项经费中划拨了915万元，专项用于广州杨家祠的搬迁、修缮和布展。从2018年12月7日开始，省政府已经在现场召开三次会议。2019年大年初二和初四两天清晨6时，笔者或坐出租车，或徒步走访踏勘了杨匏安烈士曾经的工作地点。四位均从事建筑学、美术专业工作，非党史研究学者，出于对烈士的敬仰，并从自身专业角度，以"三师"志愿者的身份写下了一些文字。但无论再如何努力，均难以弥补多年忘却之痛。

由于前期对杨匏安烈士在广州生活工作的历史研究不深，对历史建筑本身没有任何巡察保护措施，致使杨家祠受白蚁蛀蚀严重，需要落架修缮，2019年2月20日，修缮方案终于敲定。此前，2019年1月17日，到现场踏勘准备离开时，回头

多看了一眼,总感觉门口上方蒙灰的墙面背后有些东西,遂驻足请工人搭梯略为清扫,果然发现门头壁画。3月1日,工人将室内填高的地坪挖走时,又见建筑原始地坪上所铺砌的条石(如下图所示)。

2019年正值杨匏安烈士在华南地区传播马克思主义学说100年之际,愿从岐澳古道走到省城传播马克思主义理论、从梅关古道穿越至汉口任职中共监察委员会委员的杨匏安烈士九泉之下有所慰藉。

本书的出版得到广东省社会科学界联合会和中山大学出版社的大力支持,以及马兴瑞省长的特别关心,在此表示感谢!

广州杨家祠修缮时挖掘出铺路条石

广雅书院、杨家祠道、时敏路、文明路和恤孤院街*
—— 兼论粤港澳大湾区文化遗产游径的历史素材

南粤古驿道活化利用以红色之旅赋予古驿道之新动能为己任，从岐澳古道群英故里杨匏安故居出发一直追溯，进入广州城。珠海杨家祠（杨匏安故居）已成为纪念馆，发挥了应有的作用；而反观杨匏安主要参与革命运动的广州城，1919年写下介绍马克思主义的系列文章的房屋却破烂不堪，修缮活化利用杨家祠迫在眉睫。

出生于岐澳古道旁翠亨村的孙中山先生，少年在广州接受医学教育，走出广州城门到了大千世界，也是绕了一大圈再进入广州城，在广州达到其革命人生高潮。无论是杨匏安还是孙中山，都在广州历史街区留下了无法磨灭的足迹。他们均在广

---

* 本文于2019年2月25日发表于南粤古驿道网（www.infonht.cn）。

州、香港和澳门三地活动，这些地方是粤港澳大湾区文化遗产游径的重要内容。

杨匏安出生于1896年。其出生前的38年，也就是1858年，入侵广州的英国随军记者在一幅发表于《伦敦新闻画报》的插画上写道："一群炮舰成员在珠江上祈祷。""1858年1月18日，英国旗舰驶抵虎岛。""珠江平面图，展示炮舰布阵。"（如图1所示）进攻广州城的战斗就是在岐澳古道前的珠江口开始的。在岐澳古道临珠江口的英杰对帝国主义的掠夺感受更直接，愤恨更深。孙中山先生出生于1866年，当时第二次鸦片战争仅过去6年，硝烟仍未散去。

广州杨家祠的修缮活化利用需要与杨匏安出生的珠海北山村杨家祠的修缮寻找差异点。杨匏安在广州10年以及少年在广雅书院受教育时，活动范围遍布广州城内外，工作和革命活动的地点至今可寻。除了杨家祠建筑本身，他在广州的城市活动轨迹需要重新立牌介绍。杨匏安先生的革命活动史迹线路将为广州历史文化再添一笔宝贵的人文财富。

广雅书院、杨家祠道、时敏路、文明路和恤孤院街

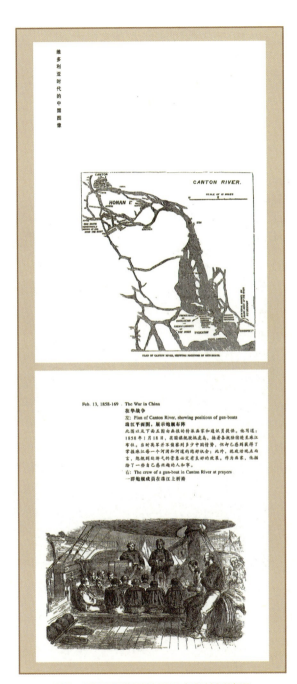

图1　1858年英国随军记者所绘祈祷图

重返杨匏安烈士在广州的历史时空

下面让我们借助留存近百年的众多历史地图,逐一探访杨匏安烈士在广州的重要活动场所,开始寻找杨匏安之旅。图2为杨匏安烈士的手稿原稿。

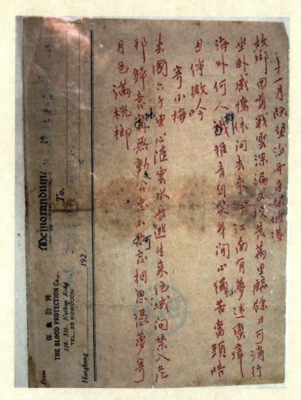

图2 杨匏安《十一月既望泊舟星架坡港》《寄小梅》手稿

所用的稿纸上印有"保血公司"字样,英文为The Blood Protection Co.。同时有九龙地址（314, 316, Kowloon Nalhon Road),下面有"Hong Kong"和"192"字样。在国家文物局刘玉珠局长的关心下,2019年1月,此手稿被列为国家二级文物。

一、广雅书院

据推测，杨匏安 1911 年前后至 1914 年前在广州的广雅书院上学。广雅书院在 1912 年 10 月 21 日改为广东省立第一中学，当时正是杨匏安在那上学的时候。分析不同年代的地图，广雅书院从 1907 年至 1923 年都孤立地坐落于广州的西北角（如图 3 所示），周边是农地，名字倒是改了几次（如图 4 所示）。

图 3　1907 年的广州历史地图①

当时广州城墙尚未拆除，西北面方形独立用地为广雅书院，从北江进入的水道至此，借自然水系之水在其方形书院的墙边环绕为防护河。

---

① 文中相关地图是 10 年前从省立中山图书馆翻拍的，下同，特表谢意！

重返杨匏安烈士在广州的历史时空

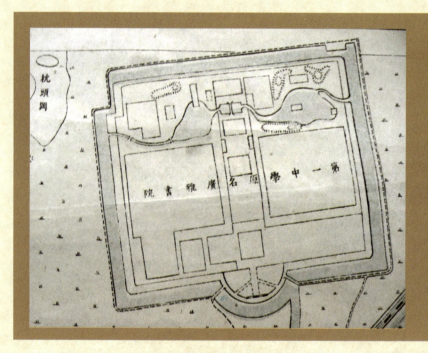

图4 1923年出版的广州历史地图截取的局部

图上注明"第一中学原名广雅书院"。几十年过去了，由自然水系引入书院中庭园而形成的园林水景仍在。

　　1888年建成的广雅书院得到了张之洞的鼎力支持，一建立就不同凡响，经、史、理、文四科的设置，领风气之先。但为什么选择离开传统书院云集的中心城区，而建在城墙外？这也许与制造局、西村和连通北江的河涌有关。图5、图6反映了广雅中学校园环境的变化情况。

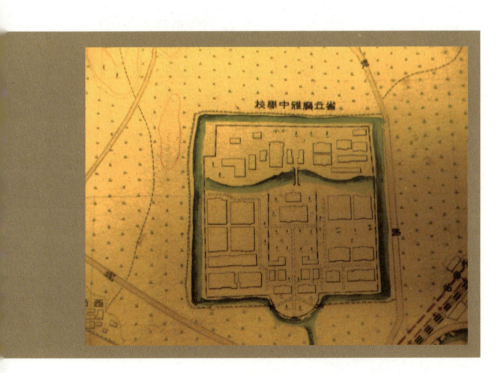

图5　1937年的历史地图

　　省立广雅中学校的环境有所变化，靠近铁路，出现市政道路，但水系依然不变。

重返杨匏安烈士在广州的历史时空

图6 2019年春节时所拍摄的广雅中学庭园水系

8

二、杨家祠道（泗儒书室）

杨匏安再次来到广州是在1918年春，居住了10年。从1907年德国人制作的《广东省城内外全图》和1921年的《最新测绘广州市面马路区域全图》（如图7所示）来看，杨家祠西侧为两广部堂，巡抚部院长条形的用地是1918年使用的中央公园和市政厅用地。书院、官办和私办学堂在广州城历史中心城区中扮演了特殊而重要的角色，但转变功能、影响着中国革命进程的平凡而光芒四射的杨家祠（泗儒书室）在研究书院历史的学者的书籍中很少被提及，在1907年的地图中也没有标注。1921年的广州地图上已有杨家祠的标注，1923年的广州地图上标注为"杨家祠道"。广州较早建立的是历史知名度高的禺山书院，建于1208—1224年间；1656年平南王尚可喜等捐修广州府学宫；1710年建立粤秀书院，其旧址位于现在北京路越秀书院街。1821—1902年广东创建书院多达156间[①]，建于1820年的学海堂、建于1867年的菊坡精舍和建于1869年的应元书院均位于广州城内越秀山下，杨家祠（泗儒书室）距

---

① 参见黄泳添、陈明《广州越秀古书院》，广东人民出版社2006年版，第48页。

重返杨匏安烈士在广州的历史时空

图7 最新测绘广州市面马路区域全图（1921年）

地图上注有"杨家祠"，黄色的道路为现有道路，红色的道路为拟建设道路。

离这些书院都很近，与影响近代思想解放的"万木草堂"仅数百米之遥。

1921年出版的《最新测绘广州市面马路区域全图》为光和眼镜公司买眼镜后的赠品。图中广告词曰："世界愈文明，马路愈宏伟，广州新地图，人人都想睇，可惜眼朦胧，不知何

为计。幸得有光和，唔怕佢字细，诸君请试之，确係，确係。"这是第一张可以查到"杨家祠"地名的历史地图。图7中第七甫58号为《广东中华新报》报社所在地，杨匏安是此报的兼职专栏作家。原城墙存在时，从正西门出城往西关，所处位置就是第六甫，第七甫北接第六甫。每甫多有特色的业态，第七甫是报馆集中之地。

杨匏安后期搬到社仁坊居住，杨家祠继续作为共产党的活动场所。现在广仁路社坊里民居已经被拆除，仅剩下一栋22号宿舍楼。社仁坊在杨家祠对面有标注，此处被称为"局前街"，与司后街连接。杨家祠与大小马站书院群之间为广州府。杨家祠是广州行政中心区的众多书院之一，书院包围着贡院和学宫。这是广州近代城市空间研究长期被忽略的课题。广州在辛亥革命和大革命时期成为政治中心，书院发挥了重要的作用，前有康有为主办的万木草堂、邱氏书院，后有泗儒书室（杨家祠）、番禺学宫（农讲所）。

在1921年、1923年、1937年、1938年及20世纪40年代的地图上，均标有"杨家祠道"，证明其在广州的知名度。（如图8、图9所示）100年前，杨匏安在杨家祠开始写作马克思主义理论文章，杨家祠对广州20世纪20年代共产党革命活动贡献巨大，也证明杨匏安、杨章甫两位最早的共产党员的胸

重返杨匏安烈士在广州的历史时空

怀，他们将自己家作为共产党活动地点，风险很大。正是因为有杨匏安的母亲、妻子、妹妹等人的理解和支持，才使该活动地点得以长期存在。"1924年秋，中共广东区委成立，杨匏安任区委监察委员，与陈延年、周恩来等一同工作。陈延年、周

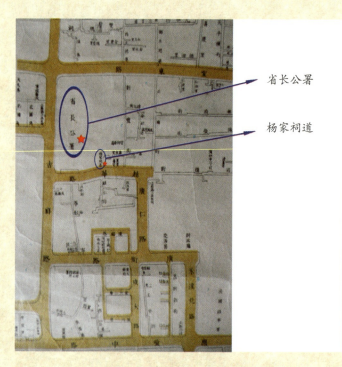

图8 1923年的广州历史地图

　　这是第一张以"杨家祠道"注明杨家祠地点的历史地图。图上显示省长公署和杨家祠附近的城市道路已经修筑完成，交通条件良好。此历史地图由广州市市政厅工务局和广东陆军测量局制作，准确性高，标注规范，比例是1:4000。图例中表示，涂有黄色的道路是已经完工的道路。

广雅书院、杨家祠道、时敏路、文明路和恤孤院街

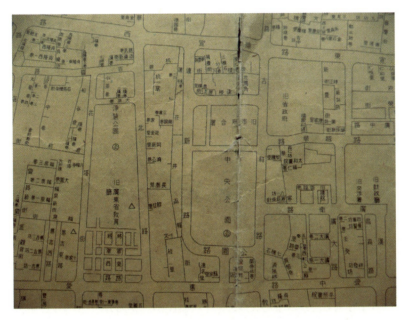

图9 1938年的广州历史地图

图中标有"杨家祠道",省长公署称为"旧省政府",各类机构名称均有"旧"字。此图是日本人小山吉三绘制的,标注的印制时间为"昭和十三年十一月二十五日"。

恩来等,经常到杨家祠开会。"① 这里也是共产党员报考黄埔军校必到之处。"中共中央通知:黄埔军校招生时,应考的中共党员先到杨匏安处报到,再由杨匏安介绍给周恩来。"② 1925年11月1日,中国共产党第62号通告写明此处地址:"粤华路、

---

① 中国中共党史人物研究会:《中共党史人物传(精选本)》,中共党史出版社2010年版,第338页。
② 王晓健:《周恩来与杨匏安》,见人民网-中国共产党新闻网(dangshi.people.com.cn/ni/2016/0721/c85037-28571617.html)。

杨家祠、杨匏安。"此年招考，考生为2654人，共产党人有数百人，为黄埔军校四期，佼佼者为刘志丹，登记时用名为"刘景桂"，通信地址是"陕西保安县邮局"。在通告中，"各级同学"暗指各级党组织，"钟共"暗指中共。1925年，杨匏安参加领导省港大罢工，"罢工委员会有时在杨家祠给罢工工人发放各界捐款"①。

《民国广东大事记》记载："1921年8月，陈公博由上海开完'一大'回广州，在高第街素波巷宣传员养成所开会，传达'一大'决议精神，中共中央广东党支部遂成立，书记改由谭平山担任，组织陈公博、宣传谭植棠。党部设在广州太平沙谭平山宅，及在广卫路杨家祠杨章甫家活动。"宣传员养成所是陈独秀创建的，经费有30万元，是省立中学的10倍，这得益于陈独秀任职于广东教育委员会的优势。②20世纪20年代，杨家祠的革命活动功能，概括起来有八个方面。

① 共产主义广州小组活动点。

② 共产党广东区委活动场所。

③ 黄埔军校招生时应考的共产党员报到处。

④ 省港罢工委员会给罢工工人发放各界捐款处。

---

① 王晓健：《周恩来与杨匏安》，见人民网-中国共产党新闻网（dangshi.people.com.cn/n1/2016/0721/c85037-28571617.html）。

② 参见任建树《陈独秀大传》，上海人民出版社1999年版，第256页。

⑤ 上海社会主义青年团邮寄广东团委收件处。

⑥ 中共三大会场外的活动点。

⑦ 党干部临时住处,如瞿秋白先生曾居于此并写作。

⑧ 为外地来的共产党员熬药调养处。

杨家祠的隔壁就是两广部堂改成的民国省长公署。省长公署的主人有两次是杨匏安非常熟悉的朋友廖仲恺。廖仲恺在1923年5月7日至1924年任民国广东省省长,第二次任期为1924年6月12日至8月29日。这段时间杨匏安经常在杨家祠。民国省一级行政省长,经历了都督(1911年)—民政长兼都督(1912—1913年)—巡按使(1914—1916年)—省长(1916年)的转变,到1925年改为委员制,至1949年,历经12届省政府委员会。巡按使是特殊的"产物",查《广东公报》2月16日第1707号,1915年2月,时敏中学校长按照要求,将该校丁戊班成绩合格的毕业生共29人,向巡按使公署报批获核准毕业。现在如果利用省民政厅前的草地,将省级行政机构从清朝至民国时期变迁的历史用信息牌展示出来,可以增加杨家祠的游览访问量,增强历史感和可读性。

从历史地图来看,"省长公署"是此历史阶段省行政单位的称呼,杨家祠是最靠近民国省长公署的民用建筑。省长公署于1925年改为国民政府。1937年的地图显示杨家祠旁边的国民政府改为省政府、民政厅。1926年11月16日,中国国民

党中央政治委员会决定由广州迁往武汉,第一批人员包括宋庆龄、孙科和时任翻译、中共中央候补委员张太雷,以及苏联顾问鲍罗廷等60多人。11月16日上午,他们一行人从广州黄沙车站离开广州,当晚抵达韶关。11月17日下午1点,有的坐轿,有的骑马,有的步行,19日到达始兴县,20日到南雄,21日翻越粤赣交界的南岭,到达江西大余。① 南粤古驿道梅关古道研究很少提及这一次迁徙。

广州在成为独立的城市行政区之前,经历了各种省与城市间制度的微调,随着政治人物的不停更换,地方城市管理制度难以有序地推进。由于是州治、省会城市所在地,在独立城市型政府出现之前,基本是省级的行政官员直接领导城市的建设。民国时期,军事斗争及中央政权更迭频繁,无暇顾及或因军阀割据无法一统地方建制。在这特殊的"自由时段",都督、省长各种类型的省级行政官员对城市管理制度设计获得自由发挥的机会,而且产生了重大影响。1920年,陈炯明主粤时,推动地方自治,改组市政公所,组建市政厅。于广东省而言,陈炯明时代(1920—1922年)是权力下放的开始。

国民政府时期,将省长制改为委员制,制定了省政府组织的相关法规,并影响了此后20多年的省级的架构,同时也影

---

① 参见李蓉《中共五大轶事》,人民出版社2013年版,第7页。

响了省、市间的行政关系和空间互动关系。

最为完整地表述省政府组织的是1925年拟定的《广东省政府组织法》。该法明确了省政府管理全省事务的权力，并确定了民政、财政、教育、建设、商务、农工、军事七个厅的组织机构，确定了委员制和省政府委员会的模式，委员兼厅长，省政府主席在七名委员中产生。孙科任首任建设厅厅长，提议将涉及建设的若干机构归并于建设厅之下。"建设厅提议，请省政府令行后列各机关，于七月三日起直按归建设厅管辖：治河处、航政总局、电报总局、电话局、广三铁路局、广九铁路局、粤汉铁路局、公路处。（议决）照办。"[1]

涉及区域基础设施建设和管理的机构从制度上得以统筹。如公路处的建立解决了广州城的城市道路向外扩延、与周边城市的城际交通建设问题。广州的基础设施建设在区域协调方面得到制度上的支持。

1926年，再次对省政府的组织法规进行修订，增加常务委员这一层面，委员可以不由厅长兼任；增加了加强国民党领导的条款，省政府要接受国民党省执行委员会的指导。1927年再次修改并公布，委员增加为9～15人，每月须向"政治会议"报告，三个月后又再修订，强调以"国民党党义综理全省

---

[1] 广东省档案局：《民国时期广东省政府档案史料选编1》，广东省档案局1987年版，第2页。

政务"。1930年的修订版本删除"党"的提法,替代的是"政府建国大纲"。

在1928年修订时,强调了"厅令"的作用,对民政厅、建设厅等厅的职能做出较为明确的规定。20世纪30年代的修订版本将建设厅"关于建筑新市、新村的事项"去掉,应该是为了避免与市政府的职能重叠。其后10年,受战争的影响,法规没有修订,直到1943年再一次修订,列明了省政府的12类议决事项。①

三、时敏路

时敏学堂是杨匏安在广州谋生立足的第一站。光绪二十四年(1898)三月,时敏学堂向社会发出创设的公启,在澳门的《知新报》、长沙的《湘学报》刊登。公启写道:"名曰时敏,窃取书为学逊志务时敏之义,言敏于时务也。"时敏学堂章程(如图10所示)写道:"笃交谊以励实学。本堂志在振兴,尤实坚定……勿拘拘于长幼贫富之间。"萧友梅于1899年考入时敏学堂,接受新式教育,音乐课是正式课程。这种新式教育为萧友梅成为中国现代音乐教育奠基人打下了基础。1901年毕业

---

① 参见许瑞生《广州近代市政制度与城市空间》,广东人民出版社2010年版,第107~108页。

图10 广州创设时敏学堂公启章程

广雅书院、杨家祠道、时敏路、文明路和恤孤院街

后，萧友梅自费留学日本。

黄炎培在1930年发表的《清季各省兴学史（续）》（如图11所示）中写道："广东省前清末年最早创办者，为广州时敏学堂，由新会陈芝昌，三水邓家仁、家让等发起，捐资设立，是为设立学校之始。""然以经费支绌，民国八年遂至停办。民（国）九（年）改办铁路专门学校，亦以经费不足，数年而辍，今已改办国民大学，即时敏学堂之校址。"[①]此文献可以佐证"时敏桥"的称呼在1930年已经存在。校友邬庆时于1930年写道："余谓纪念之最广且远者，莫如时敏桥。桥本无名，以时敏学堂得名。"[②]时敏桥因时敏学堂而得名，文中说得很清楚，"时敏"的意义为"敏于时务"，这可以从"公启"中找到答案。

时敏学堂创建于1898年，为广东首家民办私立学校，1912年改名为"私立时敏中学"。1922年，校舍为国民大学使用。在1949年前出版的地图上均可找到国民大学的位置，同时有"时敏路"的名称，为多宝路的延伸段（如图12所示）。国民大学为20世纪20年代利用原时敏学堂校址建立起来的私

---

① 黄炎培：《清季各省兴学史（续）》，载《人文月刊》1930年第1卷第8期，第9页。
② 黄炎培：《清季各省兴学史（续）》，载《人文月刊》1930年第1卷第8期，第12页。

广雅书院、杨家祠道、时敏路、文明路和恤孤院街

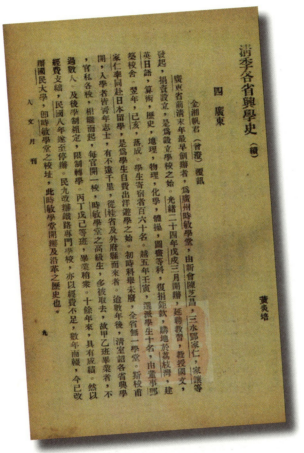

图11 黄炎培《清季各省兴学史（续）》

重返杨匏安烈士在广州的历史时空

图12　1947年广州历史地图局部

从图中可以看到时敏路跨越了荔枝湾河涌，直接通往黄沙珠江，现在统称为"多宝路"。

立大学。1951年，国民大学并入广州各高校中。现在时敏学堂原址上建筑了广东省水文局办公楼和越秀区教育局办公楼两部分，多宝路从中穿过，直抵江边。

时敏中学改为"广东铁路专门学校"，在1923年的地图上

得到佐证（如图13所示）。1938年日本人制作的广州历史地图、1917年的地图以宣统元年（1909）测图为基础。从这些地图来看，时敏学堂前后形成路面的变化过程便清晰起来。早期学堂南面为池塘，与黄沙有小径连接。粤汉铁路在水面从学堂西北面穿过，学堂侧面直接面向珠江。学堂分两个部分，估计是设立时敏中学、时敏小学（现在为荔湾区教育局）。多宝路附近同时代还有路德女学校、坤维女学、柔济女学校、广东公学等学校。坤维女学成立于1905年，由南洋、香港华侨世家黄兆屏、马励芸夫妇支持，是中国最早的女学之一。陈铁军、区梦觉等优秀共产党人均毕业于此校。1956年，合并其他中学成为荔湾中学，后改为第二十九中。

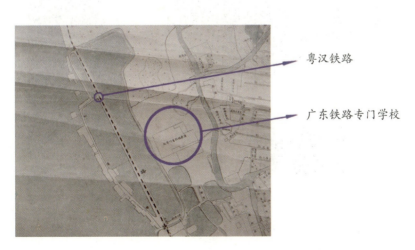

图13 1923年广州工务局和陆军测量局制作的地图

此地图中的粤汉铁路和注有"广东铁路专门学校"的具体位置，实际上就是时敏中学。

现在留下唯一印记的仅有时敏桥（如图14所示）。它跨越了荔枝湾河涌，直接通往黄沙珠江，现在统称为"多宝路"（如图15所示）。杨匏安初到广州时工作活动多在此处，对这一带非常熟悉。1923年，杨匏安在黄沙海旁街开设"北江商运行"，为共产党筹措经费。他非常熟悉铁路工人，建立粤汉铁路局黄沙地段党支部并任书记。粤汉铁路的办公地点在此，这从一系列历史地理空间中可以找到答案。

图14 现在的时敏桥及地名牌

广雅书院、杨家祠道、时敏路、文明路和恤孤院街

图15 多宝路通珠江口的尽端处

此处原为时敏路尾端，100年前为粤汉铁路总站和池塘所在的地方。

杨匏安在广州谋生养家靠的是在中学教书和稿费添补，分别任职时敏中学、南武中学和省立甲种工业学校。南武中学现在学校围墙上的浮雕镌刻了三位杰出校友——谭天度、潘达微和何剑吴的头像（如图16所示），杨匏安曾在此校任教，可惜没有被列入。省立甲种工业学校位于增埗，杨匏安为谋生奔波的路程颇远，在广州10年足迹大致可概括为"前西后东"。

其时在广州任中学教员的薪水低微，私立学校欠薪现象常有发生，甚至波及广东高等师范学校的教职员。孙中山先生在1923年3月7日与学生代表谈话时就关注了这一现象。对话内容摘录如下：

重返杨匏安烈士在广州的历史时空

图16 现南武中学围墙上的浮雕

浮雕上镌刻了三位杰出校友——谭天度、潘达微和何剑吴的头像。

孙曰：此次教职员罢课，弄到教育界似有一种恐慌，殊为可惜。政府确不愿有此现象，不过现时广东省库的确罗掘俱穷，原因由于军队复杂，各属征收机关，又未能解款前来，军饷尚无法筹措。因此，欲整顿教育，提倡实业，必须先从政治着手。政令不行，则万民失业，故欲卫国安民，必先要政府得人民之信仰。诸生当此罢课期间，很希望出来为广东服务，代政府做些宣传功夫。果尔，一月半月后，广东就完全平靖，教费不难即发。现时则学生帮助政府，将来则政府帮助学生。

孙问：贵校教员和学生对于国家的思想是怎样？

代表答：敝校教员和学生，多是主张和平统一的。①

---

① 参见《孙总统对学生之谈话》，载《民国日报》，1923年3月18日。

杨匏安也担任过《粤路丛报》编辑。分析了1918—1925年《粤路丛报》的索引，内容基本是铁路路务工作，包括路段催缴款，与省政府、市政厅和财政厅的公文来往汇编。相信办公地点离市中心区不远。

四、恤孤院街

1923年，中共三大在广州召开，负责接待后勤安排的是广东区委。杨匏安先生承担会务后勤工作，是必然的事情。"鉴于杨匏安已不兼任广东团委的代理书记，超脱了许多事务，他和杨章甫等人又于1922年参加过全国劳动大会和青年团全国一大的具体筹备工作和代表的接待工作，比较有经验，为此，中共广东区委和张太雷决定由他和杨章甫、杨殷等人专职负责中共三大具体筹备工作和接待工作。"① 据杨章甫其妹杨淑珍女士回忆，杨章甫在这阶段忙于租房子安排代表住宿，协助确定会议时间。中共三大于恤孤院路3号（1922年建成的逵园）召开，但其他周边情况几乎没有人进行研究。细读1923年的地图局部，可以获得以下信息：该路当时称为"恤孤院街"，街东侧为孤儿院；会址的建筑应该是靠近街边的、在围墙以南的数栋建筑之一；会议代表居住和办公的春园面临一道

---

① 《杨匏安与中共三大（2）》，见中国党政理论网广东频道（http://guangdong.zgdzllw.com/dangshihuimou/2014/0425/10278_2.html）。

重返杨匏安烈士在广州的历史时空

河涌,紧接着四处池塘,然后就是珠江;从春园可以望到珠江,面前最大的建筑是警察教练所和皮革公司。图17、图18反映了中共三大会址的周边环境及后来的地形图对比。

恤孤院街的最北端有两所女学,分别是培道女学校和培正女学校。它们都建立于1888年,为晚清开明人士容闳、郑观应等提倡女学的结果。培道女学校由美国南方浸信会女传道会创建于广州五仙门,1907年发展搬至此处,1923年与培正女学校合并。图17上有一地块为培正女学校。1925年,五位同学被选派参加远东运动会(亚运会的前身)。1932年,培道女中为教育局批准立案,从此完全由中国人办学。抗战时期,流转于澳门、香港地区,1946年迁回原址,1953年改称为"广州市第二女子中学"。新中国第一代女飞行员陈天恩、李惠琴、

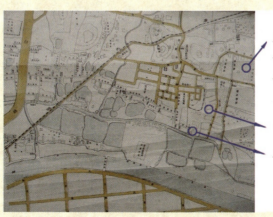

图17 1923年中共三大召开时周边的环境

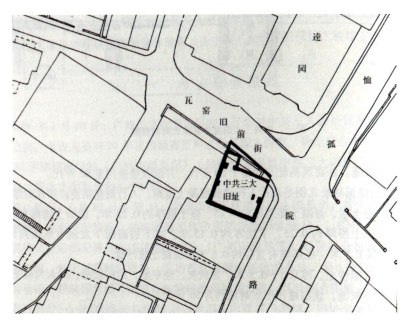

图18　1923年历史地图上的历史原状和考古地形[①]

凌可丰、黄依基等毕业于此校。1950—1953年改为公校，高考录取率在90%以上。[②] 澳门地区现在还保留了培道中学，这是在1945年留在澳门的160多名学生的基础上保持传承下来的；香港也有培道中学，母校1938年迁来香港，1945年留港的学生有194名，以这批学生为基础传承至今。在香港培道中学网站上可见其历史演变和一些相关历史照片（如图19至图22所示）。

[①] 资料来源：广州考古所。
[②] 参见广州培道校友会编《培道和她的女儿》，2008年版，第7页。

重返杨匏安烈士在广州的历史时空

图19 香港培道中学的校徽

网站标记注明在广州建立的年份是1888年。

1907年迁入东山，1908年建成"宗教院"。

殷爱新教士

图20 香港培道中学网站"学校历史演变"栏目中关于原广州学校的简介

简介中写明，学校于1907年迁入东山。

杜信明教士

图21 香港培道中学网站上所载1926年广州培道女学校的历史旧照

首届毕业生

图22 香港培道中学网站刊载的首届毕业生历史照片（拍摄于1921年）

广雅书院、杨家祠道、时敏路、文明路和恤孤院街

中共三大召开期间，1923年出任广州培道女学校的校长是华人唐炳荣。其任校长至1926年。1924年，培道女学校更名为"培道女子中学"，转为新制中学三三制。

澳门培道中学网站介绍学校发展历史写道："澳门培道中学本属广州培道女子中学，1888年，美国南方浸信会传教士容懿美女士（Miss Emma Young）被获派来华开办女子教育，于广州五仙门创立培道学校。1907年迁于广州市东山烟墩路28号，1919年定名广州培道女子中学，1930年奉准立案，此后纯由华人管理。1937年发生中日战争，广州遭遇空袭，抗日战争期间培道中学一校四处，坚持办学，1937年9月迁往肇庆暂避战火。1938年2月迁往香港。1941年迁往粤北坪石，并由1941年至1944年与培正中学联合办学，建立坪石培联中学。1942年迁往澳门继续办学。同时，1942年至1944年在桂林与培正中学联合办学，建立桂林培联中学。1945年抗日战争结束，大部分师生迁回广州东山校址及复课；一部分到香港设立香港培道女子中学；小部分留居澳门师生继续租用白马行浸信会礼拜堂空置的房舍作校址，为留澳160多名学生开设分校，办学经费只有一千元，设备简陋。1946年春注册为澳门培道女子中学，由李瑞仪校长持牌。开设学前教育、小学教育与初中。三年后更名为澳门培道中学。自1946年至1954年，学

生人数增至五百余人,多次搬迁亦不敷应用。在何贤先生鼎力支持下,慨然购得南湾街107号,交付予培道办学使用。1955年,培道乔迁,全校师生意气风发、锐意进取,教学质量大大提高,赢得优良的声誉。1963年秋,决定改制为五年制中学,20世纪70年代初,学校规模不断壮大,学生人数达一千五百多人,南湾校舍两次加建,亦容纳不下。校董会以何贤先生及马万祺先生为首,再次大力支持协助为培道筹建新校舍。1982年,罗理基博士马路中学部的新校舍落成,培道迈进先进的教学环境及与时并进新阶段。1985年又加建六楼,再增添电脑室、视听教学室、语言室、实验室等设施。培道可算是颇具规模的中学了。1985年改为六年制中学,全校学生人数增至一千七百多人。"(如图23所示)

广雅书院、杨家祠道、时敏路、文明路和恤孤院街

重返杨匏安烈士在广州的历史时空

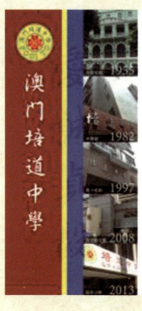

图23 澳门培道中学网站上关于学校历史的介绍

澳门培道中学网站的标记如图 24 所示。

图24 澳门培道中学网站的标记

香港、澳门地区还有一些中学与广州历史有关，培正中学就是典型素材（如图25、图26所示）。港澳地区这些学校的网站均将广州清末和民国时期的建校史作为本校创建最自豪的历史记载下来。这也是未来粤港澳大湾区文化遗产游径需要利用的、沟通三地感情的宝贵历史遗产，可在现场设置信息牌介绍校史供粤港澳地区学生参观，以增强其归属感。在香港、澳门地区，也有杨匏安生活和工作的足迹。他在澳门教书，长子就出生于澳门；在香港与罢工工人共同抗争英国人的统治，也在香港坐过牢，后被释放。这些点滴集聚起来就是粤港澳大湾区文化遗产的历史素材。

广雅书院、杨家祠道、时敏路和恤孤院街

图25 澳门举办的粤港澳大湾区"澳门培正杯"击剑邀请赛合影留念照

重返杨匏安烈士在广州的历史时空

图26　香港培道中学130周年的纪念活动报道①

---

① 图片分别引自http://m.public.edu.mo/#new_detail/1910、https://www.puiching.edu.hk/index/customindex.apx?nnnid=1.和http://pootito.rdu.mo/pooitohistory/index.html。

五、文明路

文明路是 1922 年市政厅报告中列明已经完成的四条城市道路之一，长千尺，建筑费用是 4850 元，用四合土建成。[1]（如图 27 所示）广州法政专门学校就位于文明路广府学宫东面。

图 27　2019 年春节晨曦中的文明路广东区委旧址

---

[1] 参见民国广州市市政厅总务科编辑股《广州市市政概要》、工务局《工务事项报告》（1922 年版）、《广州市市政报告汇刊》（1923 年版）。

1924年，杨匏安任广东区委监察委委员，需要经常到文明路的广东区委与陈延年、周恩来等谋事。广州文明路上，孙中山留下了足迹，杨匏安也留下了足迹。该路于1922年拆墙建成，前为南面边城墙，广府学宫前为文明门，西面城墙内注明，路名由此得来。1875年建立的广州机器局位于聚贤坊，也是杨匏安后来活动发展党员的石井兵工厂前身。

从1923年的历史地图可见，文明路在广东师范学校西面的大塘街东侧，不远处为广州警察局的第一区署，在与文德路交叉口东面有图书馆，往南文德东路北侧为广雅书局，与教育局、公路处和运使署为邻（如图28所示）。1924年建立的中共广东区委的位置是在当时的文明路南侧、文德南路东侧文德一巷和青云直街之间，南面有河涌。

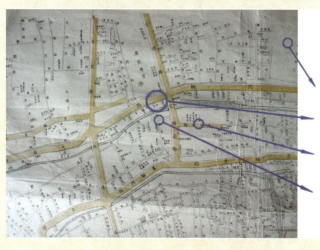

图28 1923年地图中文明路的局部

番禺学宫同时注有"番禺中学校"的名字，小北门未拆，城门成半弧形，与北园之间有河涌连接。从市中心抵达广东省议会（如图29所示）的马路是大东路，建筑周边均是小径。

图29 旧省咨议大厅

这里是20世纪20年代杨匏安经常出入的地方。

广雅书院、杨家祠道、时敏路、文明路和恤孤院街

重返杨匏安烈士在广州的历史时空

1923年的历史地图（如图30所示）还保持有番禺学宫，就是后来的农民运动讲习所（以下简称"农讲所"）所在地。1926年，杨匏安、林祖涵签署文件，任命毛泽东为农民运动讲习所所长（如图31所示）。

毛泽东主持农民运动讲习所四个月，5月3日是开学典礼，这一届学生共有315名。

图30　1923年地图中广州的东北部分

此地图中注有法政路和法政学校，广东省议会位于最东边，特别之处是有个马车厂。

广雅书院、杨家祠道、时敏路、文明路和恤孤院街

图31 1926年杨匏安、林祖涵签署任命毛泽东为农民运动讲习所所长的文件[1]

---

[1] 资料来源：广州农讲所。

重返杨匏安烈士在广州的历史时空

2018年9月27日，在南京雨花台举办了"战士别样的风采——雨花英烈艺术作品展"，展出了邓中夏、恽代英、洪灵菲等17位英烈的文学作品。其中，洪灵菲的作品是他写给爱人的一封信。洪灵菲出生于广东省潮州市潮安县（今潮安区）。他从金山中学毕业后考入广东省高等师范学院（即后来的中山大学），来到文明路，经历了广州大革命运动，1926年由时任国民党中央执行委员会海外部秘书的共产党人许苏魂引导，与戴平万、刘煜梓几位中山大学学生加入中国共产党。他们应该与杨匏安先生有交集。洪灵菲在大学实为特务，在国民党的机构兼职做干事之类的工作。他在《前线》[①]这部自传体小说中还描写在旧咨议会组织培训班活动，邀请"鲍朴"讲课，也用隐喻的方式表达踏进共产党广东区办公地点的心情。他于1922—1927年在广州文明路中山大学西语系学习，这是其革命人生之开始。1927年4月15日，在文明路上学期间被追捕而被迫远走香港、南洋。后来成为上海左联七常委之一。22年间，他辗转祖国南北，1934年牺牲。

洪灵菲在其所著的"流亡三部曲"之《转变》中，对20世纪20年代广州群众革命运动有如下回忆：

---

① 参见洪灵菲《洪灵菲小说精品》，中国文联出版社1997年版，第69页。

广雅书院、杨家祠道、时敏路、文明路和恤孤院街

  现在是清秋时候了,蔚蓝色的天宇像积水潭一样渊澈。像女人的气息一样的凉风,吹下了一些不胜憔悴的梧桐叶。一般的诗人词客都被革命的高潮卷去;哗哩哗啦的声音,没有人来细心听取,成堆的落叶因此更加寂寞起来了。

  S大学的运动场上和东郊较场上,差不多间几天便有群众大会。农工台时常在这样的大会中占着最重要的位置。慷慨激昂的演说词,嘶咽悲壮的口号,人头的蠕动,旗影的招展……整个地表现出民族热血的沸腾,阶级意识的醒悟。在这样的群众大会中可以看出整个的中华民族已经苏醒过来,时代的潮流把这病夫国从坟墓之前带回来了。

  街上的小孩,三五成群都在学着大人们手执纸旗,排列成行地在高喊着"打倒列强""打倒列强"的《国民革命歌》了。

  李初燕因为对于学生运动十分努力的缘故,被选为本年度的学联会里面的重要职员。在人头攒动众手如林的会场中,他时常用他的镇定的态度,流畅的词令,去解决着许多问题。

  S大学就是中山大学旧址。在他的另一部小说《前线》中,还有关于六榕塔的描写:

> F古园，在六榕塔对面。原来是一个旧使署，现在可是荒凉了。但，那种荒凉特别饶有幽趣的。在那儿，落叶积径，没有人来把它扫除；苔痕在空阶上爬满，这时已是焦黄了。在那儿，有千百株交柯，蔽日的老树，树身上缀满青藤、翠蔓。这些老树荫蔽下的小径，是这样幽深，这样寂静。在那里走动着时，便会令人忘记现在是什么时代；便会令人想到太古的先民在穴居野外，有巢氏构木为巢的情调上去；便会令人想到中古时，许多避世的贤人在过着他们幽栖生活的情调上去。在这森林里面，风动叶动，日影闪映，都会令人想到鬼怪的故事上去。要是在星月闪璨照耀的夏夜，到这儿来散步，定会碰到像莎士比亚所著的《仲夏夜之梦》里面一样的鬼后，而且演出一场滑稽剧出来了。
>
> 在这个千百株老树掩蔽着的小径上走过去，便是一个绿草如茵的草场。这草场四面都围着茂密的大树，倒映着一个蔚蓝的碧落；碧落上，云影、日光，都在这草地上掠过。在那云影日光之下，令人想起遗世绝俗的生活，也有它的可以美慕的地方来。但，这自然只是一个梦境，这梦境只可于中世纪求之；现在自然是说不到这些了。

这些生动的描写都是对当时文明路附近场景的真实再现，现在读来，依然让人回味无穷。洪灵菲等人从南粤赴上海，成为"左联"文学家，作品多由南强书局出版，而杨匏安1930年翻译的列宁关于地租理论的著作和拉比杜斯的《地租论》、1929年编译的《西洋史要》也是南强书局出版的。南强书局位于北四川路公益坊38号，谅必从南粤赴上海滩成为"左联"中坚力量的文化人，在此与杨匏安有异乡相逢之机。

附：广州杨家祠修缮前后对比

广雅书院、杨家祠道、时敏路、文明路和恤孤院街

2018年年底尚未修缮的现场情景（1）

重返杨匏安烈士在广州的历史时空

2018年年底尚未修缮的现场情景（2）

广雅书院、杨家祠道、时敏路、文明路和恤孤院街

周边环境整治后的情景（1）

重返杨匏安烈士在广州的历史时空

周边环境整治后的情景（2）

48

重返百年历史时空：
"杨匏安在广州生活和工作的重要场所"读解*

  南粤古驿道活化利用通过红色之旅的挖掘，赋予了古驿道新动能。从岐澳古道群英故里对杨匏安故居的一直追溯，再到进入广州城，挖掘活化杨家祠。孙中山先生也是绕了一大圈再进入广州城，无论是杨匏安还是孙中山，都在广州历史街区留下了无法磨灭的足迹。

  1912年2月25日，孙中山与廖仲恺、胡汉民一起抵达广州，在推动革命的过程中，孙中山不忘推进城市的现代化。欧美、香港的城市现代化对他影响颇深，以至于他在革命成功之后，多次提及建设现代广州城的壮志。1912年，他在致友人的

---

* 本文于2019年2月10日发表于南粤古驿道网（www.infonht.cn）。

信中写道:"大清朝诚然是'过去的遗物',但清的逊位,并不算是中国完满的得救。我们的前头,还有无限的工作,务须完成,俾得与列强并驾齐驱。……我不久将有广州之行,届时拟将老城建为新式的、近代的……"①

杨匏安少年从中山来到广州,就读于广雅书院(现广雅中学)(如图1所示)。该书院建成于1888年,1901年改名"两广大学堂",1903年改为"两广高等学堂",1912年10月改为"广东省立第一中学"。

图1 现广雅中学校门

① [美]韦慕廷著,杨慎之译:《孙中山——壮志未酬的爱国者》,新星出版社2006年版,第26页。

一、拆城墙、修道路和建立市政厅

杨匏安在广州居住、工作之时，正处于广州市政大变革年代。如果将杨匏安在广州近10年居住和工作生活的场景组织起来，基本上可体现出20世纪20年代广州市政大变革的脉络。

图2右上角是广州东边、现为广东革命历史博物馆的广东咨议局旧址。这无论对杨匏安个人，还是对共产党和国民党来说，都是最重要的历史建筑之一，国共合作的重要成果就在这

任教的时敏中学附近的广州历史建筑 时敏桥

国共合作时任职和工作的广东咨议局
1917年孙中山在此任大元帅
1921年孙中山在此任大总统
1925年中国国民党中央执行委员会设于此地

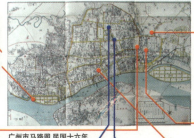

广州市马路图 民国十六年（1927）制

钟楼
钟楼始建于1906年，是废除科举制度之后在广东贡院旧址上建立的两广优级师范学堂的主楼，经历两广优级师范学堂、国立广东高等师范学校、国立广东大学、国立中山大学等沿革。1924年1月20-30日，中国国民党第一次全国代表大会在此召开

杨家祠广州共产主义活动小组所在地

杨匏安第二个住所——广仁路社仁坊（原建筑已拆除）

任廖仲恺被刺案调查审判员 惠州会馆

黄沙海傍街 北江商运局

高第街素波巷小红楼 广州共产主义活动小组所在地

东园门楼 省港大罢工总部

图2 杨匏安先生1918—1928年在广州活动的主要场所

里产生。(如图3所示)1917年孙中山任国民军政府海陆军大元帅,1921年孙中山就任非常大总统,1926年召开国民党第二次全国代表大会。国民党第二次全国代表大会产生了九名中央常委。其中,共产党人有三名,分别是谭平山、吴玉章和杨匏安。中央党部大部分职务由共产党员担任。在组织部、宣传部、青年部、工人部、农民部、商业部、妇女部、外事部八部中,谭平山为组织部部长,林祖涵为农民部部长,毛泽东为代理宣传部部长,杨匏安、沈雁冰、黄日葵、冯菊坡、许苏魂、邓颖超、彭湃和罗绮园分别担任组织部、宣传部、青年部、工

图3 会议大厅的大事记

人部、外事部、妇女部、农民部秘书。1925年12月24日，共产党代表陈独秀、瞿秋白、张国焘与国民党代表孙科、邵元冲、叶楚伧在苏联驻上海总领事馆进行会谈，讨论了"西山会议"后国共合作问题，为广州国民党"二大"做准备。国民党"二大"召开后，陈独秀对结果表示满意，认为这是中国民族运动的成功。①

图2左下角是钟楼，它是有非常深远意义的象征地标。两广优级师范学堂于1912年2月改为广东高等师范学校，1924年国立广东大学有了广州第一座标准的运动场（如图4所示）。1924年孙中山在此发表演说。

图4 新建的两广优级师范学堂（今省立中山图书馆）

---

① 参见姚金果《解密档案中的陈独秀》，东方出版社2011年版，第160页。

重返杨匏安烈士在广州的历史时空

　　1904年，两广学务处于广州旧贡院开办两广速成师范馆。1906年，拆旧贡院，建新校舍，改名"两广优级师范学堂"，设文学、数理化、博物科，以及体操专科，学制四年。1912年，改为"广东高等师范学校"。国民党第一次代表大会在此召开，也是国共合作正式开始的标志。共产党任职情况如下：谭平山是三名常务委员之一，下设立一处八部，八部中谭平山为组织部部长，林祖涵为农民部部长，杨匏安、冯菊坡、彭湃分别为组织部、工人部、农民部秘书。

图5　清晨，一位老人坐在省立中山图书馆前广场休憩

此为中山大学旧址原操场，现为国家文物保护单位"革命广场旧址"。

1919年8月,孙中山领导的中华革命党主办的理论刊物《建设》创刊,其中刊载了不少有关市制、市政制度的文章。孙中山在创刊词中谈到"建设一世界最富强最快乐之国家,为民所有,为民所治,为民所享"①。

10年前对广州城市近代史的研究还没有注入历史人物因素,但今天引用过去的研究加入先烈的足迹,城门就是古驿道必达点。1918年,杨匏安住在广州城行政中心位置,城墙还没有完全拆除,行政区划尚未调整完毕。

由南海县与番禺县构成的广州城,行政界线为老城区双底门和新城的小市街(如图6所示)。基层行政区划仍采用厢坊制。广州城内共有18坊和三厢。属于南海县的有七坊和城西厢;属番禺县的有11坊和东城厢、南城厢。内城的内街95条,其中南海47条,番禺48条;新城内街55条,其中南海31条,番禺24条;城外街道222条,其中南海183条,番禺39条。从中可以看出,内城南海与番禺空间基本均等,番禺县所占面积偏小;而城外南海县所拓展的空间远大于番禺县范围。省一级的行政机构基本分布在两县行政界线交接处,形成了城中行政主中心。杨家祠就位于这一行政中心位置,可以说,杨先生是住在番禺与南海交界处而到南海教书的。

---

① 《建设》第一卷第一号,人民出版社1980年版。

图6 广州城南海、番禺行政界线①

城墙和城门是战争防御的关键空间要素,在传统的中国城市空间布局中,城墙和城门是城市空间形式的主导力量,两者都不可忽视。广州城也一样。

① 资料来源:根据《粤东省城图》绘制,藏于广东省档案馆。

图 7 为广州内城主要城门的平面图。它们在交通组织上至关重要,直接影响了内外城的联系沟通,衔接了内外交通网络,也体现了礼制序列的要求和权威。同时,也是各类需要礼仪的街道空间最为重要的引导要素。这是从不同年代的历史地图中截取放大的城门平面位置图。尽管是不同版本的测量图,但城门平面空间布局表达基本一致。

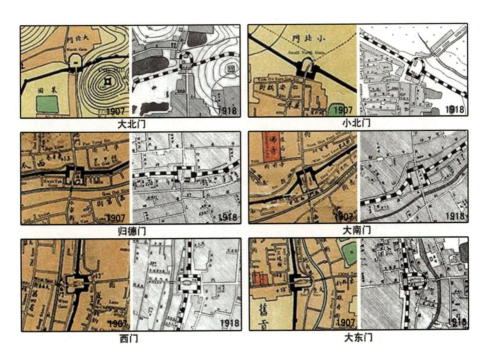

图 7 不同类型的广州内城主要城门平面形式①

---

① 资料来源:由 1907 年《广东省城内外全图》和 1918 年《广州市图》截取,藏于广东省档案馆。

从不同时期拍摄或绘制的广州城门的照片或图片,可以看到广州城门形式多样的建筑形象(如图8所示)。大部分城门屋顶为歇山重檐的形式,从这些城门的平面布置形式可看出广州城门围合的空间形式多样,有的是呈正方形的院落,有的则呈梯形状布局。

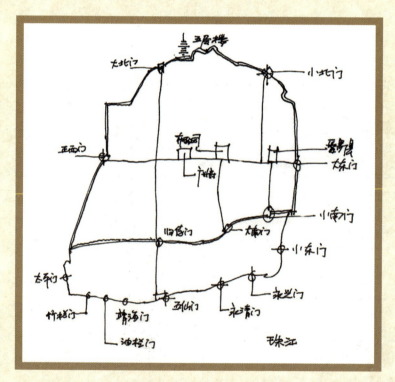

图8 广州城各主要城门分布及名称(自绘图)[①]

此图表述了广州城各主要城门分布及名称。

[①] 资料来源:笔者根据1908年《粤东省城图》和1918年《广州市图》重新绘制。

较为重要的城门是归德门、大南门、大北门、小北门、正西门和大东门。各城门的平面布置形式多样,依地势、水系的情形而变化(如图9所示)。

1918年,广州市市政公所成立,主要任务是工程建设,即拆城墙(如图10所示)、筑马路,同时经营管理"官产",建设公园、市场等公共设施。广州市市政公所的第一号公告列明了五项任务:拆城基、辟马路、设市场、设公园、设工厂。1918年10月23日,市政公所颁布了《广州市市政公所章程》。

图9 连接五层楼的广州北城墙[①]

[①] 资料来源:李昭醇、倪俊明主编,广东省立中山图书馆编纂《广东百年图录》,广东教育出版社2002年版。

重返杨匏安烈士在广州的历史时空

图10 1918年10月被拆除的城墙①

广州第一期新开辟的马路名称图将测量地图运用于建设规划中，能较准确地安排道路的走向。这可以说是运用现代规划方法进行道路系统建设的开始。城市建设在实施前运用总图的方式设计规划道路系统。该图完成的时间约为1921年，即市政公所成立阶段，道路计划开始表现出一定程度的系统性。城墙已经拆除，利用城墙基形成环城道路，即越秀北路、越秀南路、丰宁路、一德路等（如图11所示）。城市道路的拓展方向首先向东。当时，拆除城墙遭到士绅的反对，其中以来自

---

① 资料来源：李昭醇、倪俊明主编，广东省立中山图书馆编纂《广东百年图录》，广东教育出版社2002年版。

图 11　1919 年在南城墙地基上建成的一德路[①]

西关的士绅为代表。市政公所时期的道路计划回避了西关方向的规划建设。此外，公共行政机构包括省长署、督军署、警察厅、省议会、市政公所、钱局等新型行政机构出现在图中。第一公园（巡抚署）、第二公园（东较场）、第三公园（海珠）均标出位置。广九铁路已经形成，重要的公共建筑还包括黄花岗七十二烈士墓和史坚如祠。同时，图中表明保留了大北门至小北门之间的城墙。广州市第一期（1918—1921 年）新开辟的马路、公园等如图 12 所示。

---

① 资料来源：李昭醇、倪俊明主编，广东省立中山图书馆编纂《广东百年图录》，广东教育出版社2002年版。

重返杨匏安烈士在广州的历史时空

图12 广州市第一期（1918—1921年）新开辟的马路、公园①

① 资料来源：广东省立中山图书馆。

粤汉铁路处于中心城区西侧，广九铁路处于东南方向，广三铁路处于西北方向。轨道交通的建设使广州与周边城镇的联系更加密切，加强了广州的中心作用，尤其是广三铁路更是促进了广州与佛山地区的联系。而在广州，杨匏安先生的活动足迹多在广州城外的西关，这与此地区商业活动繁荣有密切关系。东部地区的广九铁路总站则对广州城市结构的改变作用明显，刺激了东山区各方面的发展。大量的小洋房、学校和医院出现在这一较为开放而又安静的地区，这应该是中共三大在此召开的原因之一。

1921年，在第一期道路计划的基础上，广州又编制了第二期道路计划，即《最新测绘广州市面马路区域全图》（如图13所示）。该图中旁注表述第二期的道路建筑计划，在第一期的道路框架下，规划加强内城的道路建设，力求形成系统。明确了一系列道路的宽度，以70尺（21.34米）、80尺（24.38米）为主，最宽道路白云路为150尺（50米）。此时的道路

建设重点仍为内城,白云路的规划因涉及广九铁路站的交通疏导与衔接而被提上日程。大沙头道路规划纳入其中,基本保持1914年左右的设想。警察区署及国民学校、高小学校、中学以上等公共机构的位置在图中予以标明。原桂香中路、桂香南路此时一并改为维新路,原桂香北路改为连新路。此图是眼镜公司市场营销与道路规划公共信息发布相结合的导向图,图中标注前往眼镜公司的路线,方便顾客。在河南(今海珠区)南武中学位置有国民学校、高小学校的标注。①

图13 最新测绘广州市面马路区域全图(约制作于1921年)②

---

① 参见许瑞生《广州近代市政制度与城市空间》,广东人民出版社2010年版,第45~58页。
② 资料来源:广东省立中山图书馆。

对 1921 年历史地图中心局部进行读解可知，位于省民政厅旁的杨家祠对面就是社仁坊，为杨匏安的第二个住所。在 1926 年国民党广东省执委通信录中，杨匏安的通信地址是社仁坊 20 号。社仁坊西面为华宁里，也就是现越秀区政府所在地。高第街与杨家祠之间沿维新路步行可达。此图底图的具体年份待考，地图上仍写着"优级师范学堂"（1912 年已经改为"广东高等师范学校"），但是市政厅在江边长堤处有标注，中央公园在图上已经注明，称为"第一公园"（如图 14 所示）。这基本是杨匏安先生 1918 年住在杨家祠时广州中心城区道路建设的状况。他应该目睹了杨家祠旁中央公园的建设过程（如图 15 所示），而且多次出现在第一公园的广场集会上。1918 年成立的市政公所到 1921 年改为市政厅，在职能和机制上发生了新的变化，杨先生也经历了这一过程。杨匏安先生作为筹备委员会成员，在 1915 年 3 月 15 日于第一公园参加悼念孙中山先生的群众集会。

重返杨匏安烈士在广州的历史时空

图 14　离杨家祠不到 300 米的人民公园（原中央公园、第一公园）

重返百年历史时空:"杨匏安在广州生活和工作的重要场所"读解

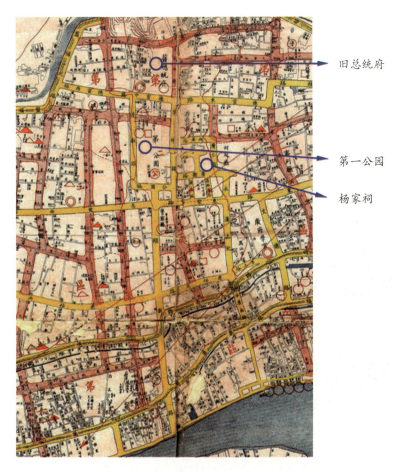

图15 历史地图中的杨家祠(在第一公园东北角)

查《民国广东大事记》可知,1921年3月,共产党广东支部在陈独秀的领导下,在广州高第街素波巷(如图16、图17所示)19号成立。最早的党员有谭植棠、谭平山、陈公博、梁复燃、刘觉非、杨章甫、彭湃、杨殷、杨匏安、包惠僧等。

67

图 16 素波巷广州十中

广州十中是原址，门口和操场旁的"小红楼"就是19号广东省立宣传员养成所旧址。

重返百年历史时空:「杨匏安在广州生活和工作的重要场所」读解

图17 高第街和素波巷入口

《民国广东大事记》载:"1921年8月,陈公博由上海开完'一大'回广州,在高第街素波巷宣传员养成所开会,传达'一大'决议精神,中共中央广东党支部遂成立,书记改由谭平山担任,组织由陈公博负责、宣传由谭植棠负责。党部设在广州太平沙谭平山宅,及在广卫路杨家祠杨章甫家活动。"杨章甫(1894—1977)就是杨匏安的叔叔。两人相差两岁,一起到广州广雅中学念书,一起到了日本,并一道加入中国共产党。

上海共产主义小组于1920年8月成立,广州共产主义小组于1921年3月成立,均是陈独秀领导组织的。他于1920年12月17日离开上海到广州,1921年9月11日又与包惠僧一起离开广州前往上海。①

① 参见姚金果《解密档案中的陈独秀》,东方出版社2011年版,第12页。

杨匏安后期搬到社仁坊居住，杨家祠继续作为共产党的活动场所。现在广仁路社仁坊里民居已经拆除，仅剩下一栋22号宿舍楼。

近代广州的城市管理权的延伸是随着警察管辖区的增加而调整的。1903年广东巡警总局成立后，警区的数量和划界一直在调整中。"首于老城设置巡警五分局，旋增设新城三分局，继设东南关三分局、河南四分局。西关开办最后，至1905年，始成立西关南北路十三分局，同时开办水巡总、各分局。"①

1912年，广东巡警总局改为警务公所后，广州警察区划有所改变。1909年广东警务所的统计报告表明，广州城区形成了新老城区东南关五局、西关十二局、河南四局和水巡东西北三局的格局。1910年6月，又将原政区划分为东西两路，裁并正、分局为十区署，其中番禺县属四区为东路，南海县属六区为西路。辛亥革命后，成立了广东警察总部，第二年改称"广东警察厅"。原广州十区署调整为十二区署和二十四分署。1916年又增为十三区署。据1928年的统计，居住在12个警区的人口为80.4万人。这种状态维持至1930年，其后，各区、分署废止，改设三十公安分局。杨家祠位于第二区，时敏学堂位于第十区，东园位于第五区。民国广州警区的划分情况如图18所示。

---

① 广东省会公安局统计股：《市民要览》（1934年）。

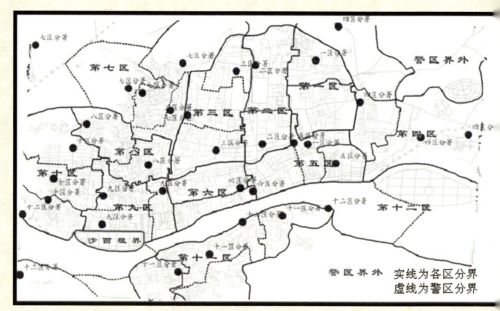

图 18　民国广州警区的划分情况

《民国广东大事记》载："1925 年 3 月 19 日—1926 年 10 月 10 日举行省港大罢工，决定苏兆征、黄平、杨殷、杨匏安、邓中夏 5 人组成中央党团，领导发动省港大罢工。""5 月 1 日，广东各界纪念五一国际劳动节在广东大学操场举行，胡汉民主持，谭平山、张国焘、邓中夏讲话。"第五区中有"东园"字样的门楼现在还保留，平时见不到，藏在宿舍区里。

杨鲍安任教时敏中学之后也在南武中学（如图19所示）任教，对在南武中学旁边的海幢寺和建于1908年的潘氏洋楼（如图20所示），杨先生一定有印象。1905年成立的南武中学利用的就是海幢寺的圆照堂。1912年开设南武中学校，并设立小校。

重返百年历史时空："杨鲍安在广州生活和工作的重要场所"读解

图19 南武中学校园

重返杨匏安烈士在广州的历史时空

图20 2019年春节清晨的海珠区海幢寺和建于1908年的潘氏洋楼

重返百年历史时空:"杨匏安在广州生活和工作的重要场所"读解

文明路在 1921 年地图上已经标注贯通,它是拆城墙的成果之一。在 194 号至 200 号处四栋相连的三层楼皆为骑楼式,1924 年中国共产党广东区委和青年团均在此办公。1978 年此处被列为省文物保护单位(如图 21 所示)。想必这里是杨先生的主要活动场所,可惜门口说明牌没有杨匏安的名字。

图 21　位于文明路的共产党广东区委办公楼旧址

东园门楼同样也有中国社会主义青年团第一次会议的印记（如图22所示）。杨匏安是社会主义青年团广东区委机关刊物《青年周刊》的主要撰稿人。他在1922年2月《青年周刊》创刊号上撰写"宣言"，强调社会主义青年团广东区委是信仰马克思主义的；3—4月又刊出马克思主义理论文章，比1919年发表的介绍马克思理论的文章更深入。鉴于广东的革命氛围，5月，中国社会主义青年团第一次代表大会在广州东园广场召开。（如图23所示）

图22 与团一大和劳动大会均有关系的东园门楼

图23 2011年施工中的团一大广场

利用地铁上盖进入口广场注入人文信息。

杨匏安于1927年2月到达广州,并于1927年3月底与共产国际代表罗易、谭平山一起离开广州前往汉口。这一程他们先通过水路进入梅关古道,再走湖南境内的陆路。1927年4月4日,汉口《民国时报》发表题为《谭平山、杨匏安抵达武汉》的报道称,谭平山一行4月3日傍晚才到武汉,住进东方大旅馆。① 罗易于1927年2月到达广州,由共产国际派到中国指导革命。他是印度人,与斯大林关系密切,在中国与鲍罗廷观点不一致。

---

① 参见李蓉《中共五大轶事》,人民出版社2013年版,第41页。

二、杨家祠修缮过程中的重大发现

图24 2019年1月17日广州杨家祠修缮前在门头发现壁画

杨家祠修缮的第一步是住户腾退，2019年1月中才逐渐完成。2019年1月17日有重大发现，在门头发现壁画（如图24所示）。

杨匏安的母亲为古鹤村人，而古鹤村也是张文湛的故乡。在2018年公布的南粤古驿道15项重大发现中，自费留美麻省理工学院学习机械现代技术的中国第一人张文湛的故居入选（如图25所示）。这项发现是从"麻省理工学院早期中国留学生：1877—1931"纪念展中倒查出来的。张文湛故居的入口也有门头壁画，这是岭南传统民居、祠堂典型的装饰手法。

图 25　张文湛故居修缮前的室内外情景

杨家祠门头壁画被发现后，广州农讲所邀请了广州艺术博物馆研究员泽文先生对清洗后的壁画（如图 26、图 27 所示）进行了鉴定，并对中间一幅画做出初步判断。

重返杨匏安烈士在广州的历史时空

图26 2019年1月27日广州杨家祠修缮前门头壁画湿洗后的结果

图27 2019年1月29日广州杨家祠修缮前门头壁画湿洗后的结果

　　图 27 标题为《雁塔题名》，作者为樵西人陈灼文，民间画工。此画技法纯熟，画风不俗，艺术性较高；用笔工整严谨，造型准确，人物及环境合乎比例；沿袭南宋院体画风的风格，注重写实，追求形似，山石用斧劈皴法，使用双勾法和点叶法相结合，树石屋宇都表现得坚实有力，空间远近分明，具有纵深感。

　　此画上有两个人物：一个挑着书箱行李的书童走在前面，一个策杖而行的书生紧随其后，两人正准备进入一处山居的柴扉。进入柴扉之后有一座独木桥，过了独木桥之后再上小山坡，则可看见一座小塔。

重返杨匏安烈士在广州的历史时空

　　杨家祠修缮的第二步是周边环境整治，利用外环境布展，初步完成，需要在入口增加诱导性标志。下一步是本体修缮和内部布展，按照计划将于2019年五四青年节时开放，以纪念杨匏安先生这位五四运动的先行者。目前修缮壁画是重要的环节，因为这些壁画具有特殊的人文信息。

三、杨匏安先生有关人物的影像

查《民国广东大事记》，1923年6月《新青年》在广州复刊，瞿秋白任主编。第一期为《共产国际》专号，在中国首次刊登了中文的《国际歌》。图28是《新青年》刊物，从中可以看出青年时期的陈延年、邓颖超和刘少奇在广州与杨匏安共事时的情形。

图28 《新青年》刊物

重返杨匏安烈士在广州的历史时空

　　图29的三张签到纸，由中山翠亨村孙中山纪念馆馆藏。应该是1926年1月31日的会议，上面有李大钊、林祖涵、毛泽东等共产党员的签名。图30是1924年在孙中山寓所为孙中山任非常大总统三周年庆祝后的合影，毛泽东、恽代英和罗章龙等共产党人均在照片上。图31是杨匏安先生有关人物的影像，右下角的照片是国民党右派人物吴铁城，他与杨匏安同为香山人，杨匏安被捕后，蒋介石派他亲自劝杨匏安投奔国民党。

图29　1926年1月31日的会议上李大钊、林祖涵、毛泽东等共产党员的签名①

---

① 资料来源：中山翠亨村孙中山纪念馆。

84

重返百年历史时空:"杨匏安在广州生活和工作的重要场所"读解

图30 1924年在孙中山寓所为孙中山任非常大总统三周年庆祝后的合影

图31 杨匏安先生有关人物的影像

85

重返杨匏安烈士在广州的历史时空

1924年1月，国民党第一次全国代表大会在广州召开，谭平山为组织部部长，杨匏安、彭湃分别任组织部、农民部秘书。国民党"二大"后，选举候补执委，李大钊、毛泽东等当选。

1925年8月20日早上9时30分，廖仲恺去上班，到达惠州会馆国民党中央党部门口前时遇刺受伤，送医院抢救无效逝世。图32表现了何香凝守在廖仲恺遗体身边时令人悲痛的情景。12月24日，杨匏安被任命为审判员。

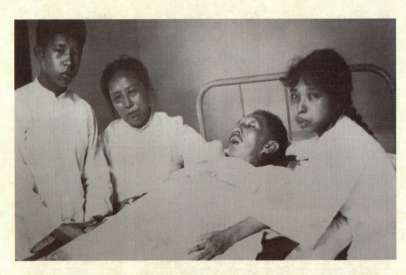

图32　1925年8月20日，廖仲恺被国民党右派暗杀，廖夫人何香凝及其子女在医院守护其遗体

图 33 为孙中山委任蒋介石担任黄埔军校校长的委任状。1926 年 3 月 20 日，利用黄埔军校军舰调动之机，蒋介石制造了"中山舰事件"，导致国共在广州的分裂。

图 33 孙中山委任蒋介石担任黄埔军校校长的委任状

图 34 广东革命历史博物馆展出的广州近代革命展览中的《新周刊》和杨匏安先生像

展览的资料对国共合作的贡献讲述很少。

重返杨匏安烈士在广州的历史时空

● 谭平山　　　　　● 谭植棠

图35　张太雷、谭平山、谭植棠像

广东革命历史博物馆展出的与杨匏安先生共事的广州起义领导人张太雷，以及广东最早的党员谭平山、谭植棠先生。

重返百年历史时空：「杨匏安在广州生活和工作的重要场所」读解

查《民国广东大事记》，1923年8月24日，苏联驻广东代表团鲍罗廷等抵达广州，孙中山委任鲍罗廷为国民党组织教练员（如图36所示）。旧咨议局侧楼原为国民党广东省党部的办公楼，何香凝、邓颖超主办的妇女运动讲习所设立于此。

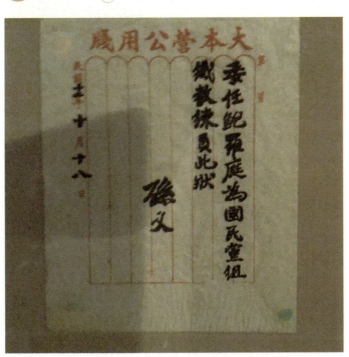

图36 孙中山签署的委任鲍罗廷为国民党组织教练员的证书

附：杨家祠、时敏桥、培道女子学校手绘草图

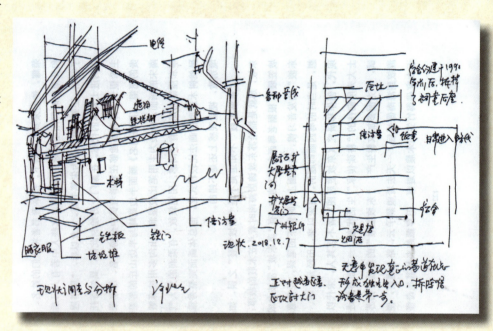

广州杨家祠现状调查与分析手绘草图

重返百年历史时空：
『杨匏安在广州生活和工作的重要场所』读解

广州时敏桥现状手绘草图

重返杨匏安烈士在广州的历史时空

恤孤院路 1930 年的培道女子学校手绘草图

那年那月那日的人和事*

近日，粤港澳大湾区文化遗产游径正式被列为全国文物系统2019年重大工作任务之一。2019年2月1日，广东省、广州市文旅局在100年前广东共产主义小组聚会活动之处——杨家祠（即杨匏安先生故居）组织活动。粤港澳大湾区文化遗产游径最宝贵的资源就是孙中山先生的足迹。寻回100年前的场景，可以充分客观地了解中华民族英烈所处特殊历史环境的艰辛。2002年出版的《民国广东大事记》是罗屏先生离休后17年心血的结晶，我们不妨从中领略那年那月那日的人和事，以

---

* 本文于2019年1月29日发表于南粤古驿道网（www.infonht.cn）。本文的写作大量参考引用了已故学者罗屏先生的《民国广东大事记》，在此向罗屏先生致敬。

追寻故人的足迹。从砖头厚的书中，我们检索了若干条与孙中山先生的足迹和杨匏安足迹有关联的条文，供设计未来历史迹径参考。

1919年10月10日，孙中山先生在《民国日报》国庆增刊发表《八年今日》一文，总结其革命失败教训："今日何日？正官僚得志，武人专横，政客捣乱，民不聊生之日也。"他号召："建设一为民所有、为民所治、为民所享之国家。"是月，在华南最早宣传马克思主义的杨匏安先生在《广东中华新报》发表了《社会主义》一文。11月11日至12月4日，他又在《世界学说》专栏连载《马克思主义（一称科学的社会主义）》一文。此外，他还写了《唯物论》《共产主义》等政论文章共40余篇。

回到辛亥革命初期，我们从罗屏先生的《民国广东大事记》中的旧日历回首与孙中山先生、杨匏安先生相关的点点滴滴，对客观、准确传递历史人文信息，保护文化遗产颇有裨益。

1911年10月4日，广（州）九（龙）铁路通车，全长103千米。

1911年10月20日，孙中山自纽约致电两广总督张鸣岐，促其率部反正。

1912年2月9日、23日、26日，孙中山三次致电陈炯

明，促其就任粤督，陈辞不就。

1912年2月14日，广东前教育部部长丘逢甲病逝于广州。

1912年2月21日，广东各界致电孙中山，推荐孙眉担任广东都督。孙中山复电拒绝，并告其兄："兄宜专就所长，专任一事，如安置民军、办理实业之类，而不必当此大任。"

1912年2月24日，孙中山令取消"大人""老爷"等称呼，改为以职称或"先生""君"相称。

1912年2月，创建于1905年的两广速成师范馆改名为"广东高等师范学校"。校长为黄锡铨，地点在广州文明路贡院内。后改为"国立广东大学"。

1912年4月25日，孙中山偕廖仲恺、胡汉民抵穗（汪精卫避任粤督而留港），受到省城各界人士的热烈欢迎。当晚，陈炯明宴请孙后去港。行前留书临时省议会，请准予"解职省亲"。都督由胡汉民担任。

1912年4月27日，省临时会议召开，孙中山到会讲话。议会投票决定：胡汉民复任都督兼民政长；陈炯明任都督，专责整理民军和除"四害"（即赌博、会党、械斗、强盗）；汪精卫任参谋。

1912年4月28日，孙中山参加广州各界追悼史坚如烈士[①]

[①] 史坚如（1879—1900），番禺人。因刺杀两广总督未遂而被杀害。

大会。

1912年5月4日，孙中山出席省港新闻界人士在广州东园召开的欢迎会。13日又与报界公会主任谈话，其主旨都是阐述民生主义。他还为香港《光兴报》题写"与民同春"四字。

孙中山还在广州六榕寺新成立的、由广东佛教协会会长铁禅法师主持的欢迎会上题写"自由、平等、博爱"六字。

1912年5月7日，孙中山在岭南学堂演说，提出"非学问无以建设"的观点。

6月9日，孙中山和省临时议会议员谈话时指出，"权限是谁与之者？从公理求之也。革命党之权，谁与之者？少数人牺牲性命于公理上求之也"，因此，争权必须向公理上求之，不要谋个人私利。

是月，广雅书局广东图书馆（省图书馆前身）开馆。首位馆长为冯愿①。冯愿于1911年奉都督胡汉民之命筹建该馆。首批藏书由广雅书院冠冕楼及学海堂、菊坡精舍、海山仙馆、粤雅堂调拨。

9月11日，孙中山在广东旅京同乡欢迎会上提出"海南设省"的主张，并与梁士诒等36人写出《琼州改设行省理由书》。

---

① 冯愿（1866—1943），南海人，举人，清广东提学使司图书科科长，大学教授。

10月21日，为贯彻"壬子学制"，广东也推行了学制改革，学堂改称"学校"。

10月21日，广东省立第一中学成立。该校前身为1888年由两广总督张之洞创办的广雅书院。该书院后一再改名为"两广大学堂""两广高等学堂""广东高等学堂"。抗战时改为"南路临时中学"，抗战胜利后由南路迁回广州西村校址。黄节、梁漱溟、霍广河、王兴瑞①等先后任该校校长。中华人民共和国成立后，又改名为"实验中学""广雅中学"。

是年，广东省有工厂2426家（动力工厂136家、手工工厂2290家）、水陆运输公司17个、农林牧公司43家。

是年，广东有报纸24种，广州21种，汕头、佛山、茂名各一种。

1912年，广东高等学校中，公立一所，私立10余所，多为法政、医学专科学校；省立中学12所，县立中学14所；小学3000所（不含私塾）；学生11.1万人。此外，还有宣传员养成所、阅书报社390余所；体育会、音乐会、改良风俗会等多所。

1913年2月15日至5月26日，北京教育部召开读音统

---

① 王兴瑞（1912—1977），海南岛乐会人。大学教授、广州市参议员、国民党党员。研究历史和民族学。

一会，会上拟定了拼音字母39个，后为教育界所采用。

1913年2月，广东首届省议会在广州大东门清咨议局旧址开幕。议员共120名。规定25岁以上男子，年纳税2元以上、有资产500元以上、小学毕业以上者，才有选举权和被选举权。

1915年12月，孙中山发表《讨袁宣言》。

是年，马来亚归侨及港客在广州开办出租小汽车公司（俗称"野鸡车"），行驶于沙河—财政厅前一线。这是广东的第一条公共汽车线。当时，广州全市公、私汽车不过五六十部。到1931年，大汽车增多，"野鸡车"被淘汰。

1916年10月下旬至11月上旬，青年学生彭湃率众在海丰捣毁惠州清乡统领林干材的石像，恶霸陈月波派人围攻彭祖祠以为报复。全城学生罢课，并向省县起诉，最后取得胜利，陈月波的打手被判刑。

1917年9月1日，非常国会选举孙中山为军政府海陆军元帅。

9月10日，孙中山在广州士敏土厂就任海陆军大元帅，宣誓"竭股肱之力，根除奸凶，恢复约法"。

1917年10月，广东工艺局工艺学校成立，校址在广州增埗。1920年8月改名为"省立第一甲种工业学校"，校长为黄巽。1923年改名为"省立工业专门学校"，校长为萧冠英。

1934年改称"勷勤大学工学院",院长为卢德。1938年8月并入中山大学工学院。1944年在高要复校,后迁到云浮,再迁回高要。1950年迁回广州。

1917年11月23日,《广东中华新报》报道了俄国十月革命的消息,并写了述评文章。

1918年夏,孙中山通过美洲华侨致电列宁及苏维埃政府,祝贺苏俄十月革命的成功。电文说:"中国革命党对贵国革命党所进行的艰苦斗争表示十分钦佩,并愿中俄两党团结共同斗争。"这是孙中山与列宁及苏俄政府交往的开始。

1918年8月1日,列宁委托苏俄外交人民委员会齐契林复函孙中山,感谢孙中山对十月革命的祝贺,并向"中国革命的领袖"致敬,呼吁中俄兄弟共同斗争。

1918年,广州铁路专科学校由粤汉铁路管理局创办,校址在时敏路时敏学堂旧址,学制三年,办了四期后停办。

1919年1月17日,巴黎和会开幕,陆征祥、王正廷出席,中国代表提出废除"二十一条",取消外国人在华特权的议案。

1919年1月27日,在巴黎和会上,日本代表牧野伸显提出德国在中国之权利应无条件让予日本,顾维钧当即予以反驳。

1919年3月2—6日,在莫斯科召开了共产国际第一次代

表大会，共产国际正式成立。中国刘绍周（即刘泽荣）出席这次大会。

1919年4月15日，由广州报界公会发起的全国报界联合会在上海成立，书记长为叶楚伧，参加报社共86家。是年，广东有报纸13种（广州九种，台山、香山、茂名、佛山各一种）。

1919年5月5日，马克思诞生101周年，揭开了马克思主义论战的序幕。5月1日，北京《晨报》副刊出版"劳动节纪念"专号。这是中国报纸第一次纪念五一国际劳动节。7月20日，胡适在《每周评论》31号发表《多研究些问题，少谈些"主义"》一文。8月17日，李大钊又在同一刊物35号上发表《再论问题与主义》一文。9月、11月在《新青年》6卷5号、6号的"马克思研究专号"上，连载了李大钊的《我的马克思主义观》一文。双方的论战推动了新文化运动的发展。

1919年5月25日，广州中等以上学校50余校学生5000余人在高等师范学校开学生代表大会。主张"读书不忘救国，救国不忘读书"的学生于6月17日成立"广东中等以上学校学生联合会"（简称"中上学联"），会长张启英，副会长周其鉴、刘尔崧、阮啸仙、张殿邦、陈肇荣、邓新发、黄立勋、朱同禾、黄明庵、杜群英、符明昌、云蓬瀛、邓曾骧等为骨干分子。会址在广州天官里广东公立法政专门学校，其据点在广州

长堤兰亭酒店。他们联络工人，开展宣传，开办国货陈列馆和平民义务夜校。

1919年，培道女学改名"培道女子中学"，它是由美国浸信会女传道士容懿美于1888年创办的，附设有培贤学校和慕光瞽目学校。校址在广州五仙门，后迁东山区（今越秀区）寺贝通津。抗日战争时迁香港九龙，再迁澳门，又回迁粤北坪石，抗战后迁回广州。1920年校长是陈元素。

1920年12月12日，孙中山去韶关及沿途视察，并收编民军。14日公毕返穗。

1920年12月，孙中山军政府通过《广州市暂行条例》。

是年，梁培基、魏邦平、陈大年、简玉阶、简琴石等集资40万元，在广州二沙头开设珠江颐养园留医院，聘中、德医生多名，为达官贵人疗养之所。

1920年，苏兆征等开始在香港海员中开展工人运动，并进行了多次斗争。

1921年1月1日，广东各界数万人在广州举行禁赌、"援桂"及提倡国货游行。代表100余人去军政府递交请愿书，总裁孙中山、伍廷芳予以接见。孙中山称："余可完全答应，但诸君亦须合力相助乃可。"

1921年1月15日，陈独秀在广东公立法政学校讲演《社会主义批判》，20日在省教育会讲演《教育与社会》，22日又

在省女师讲演《如何才是正当的人生》。

1921年2月中旬,陈炯明与《字林西报》记者吉尔伯德谈话称,以武力统一中国不可能,孙逸仙博士也曾想以武力统一中国。中国只能发展民主和地方自治,最后达到联省自治。

3月6日,中华海员工业联合总会在苏兆征等的倡导下,在香港成立,孙中山赠"为国宣劳"匾额一方。会长为陈炳生(后苏兆征、谭华泽),副会长为蔡文修,林伟民、罗贵生、翟汉奇、冯永恒、邝达生等为干事。会址在香港德辅道中139号3楼,先后在上海、广州、汕头、香山设立分会。

3月16日,陈炯明与日本记者大田氏谈话,谈正进行市政建设、禁赌损失1000万元岁入、将增加教育经费、与孙中山没有轧轹之事。

1921年春,共产党广东支部在陈独秀的倡导下,在广州高第街素波巷19号成立广州宣传员养成所。区声白等无政府主义者因不同意党纲中有无产阶级专政的论述而拒绝参加。支部选出陈独秀为书记,陈公博为组织委员,谭植棠为宣传委员,以《广东群报》为机关报。党员除两陈两谭外,还有俄国人别斯林和米诺尔。不久,梁复燃、刘觉非、杨章甫、潘兆銮、施卜、余广、陈卓生、陈俊生、梁铁志、郭值生、王寒烬、包惠僧等入党。稍后又有冯菊坡、周其鉴、阮啸仙、刘尔崧、谭天度、张善铭、黄学增、杨殷、杨匏安、彭湃、罗绮

园、陈适曦、林伯渠、黄裕谦、曾西盛等入党。为了扩大政治影响，支部还组织了马克思主义研究会，会员有80余人。

1921年8月，陈公博由上海开完中共一大后回到广州，在高第街素波巷广州宣传员养成所开会，传达中共一大决议精神。中共广东支部遂成立，书记改由谭平山担任，组织委员为陈公博，宣传委员为谭植棠。党部设在广州太平沙谭平山宅，并在广卫路杨家祠杨章甫家活动。

10月10日，孙中山在总统府庆祝国庆10周年，然后到广州北较场阅兵。全市军民也游行志庆。

1922年2月26日，广东社会主义青年团机关刊物《青年周刊》在广州创刊。主要撰稿人是谭平山、杨匏安、阮啸仙等。杨匏安写的《宣言》提出"社会革命"的观点，又说，"我们最服膺马克思主义"，我们"注重劳工运动"，"尤其注重农民运动，同时注重学生运动、妇女运动和军人运动"，并要"由无产阶级跑到支配阶级的地位"。

1922年5月1日，广州工人在市立第一公园、东园两处召开国际劳动节纪念大会。广东总工会、机器总工会、中华工会、工人互助社、华侨工业联合总社等200多个工人团体参加。

5月1—6日，第一次全国劳动大会在广州河南机器总工会礼堂举行。广东代表有劳动组合书记部南方分部的谭平山、张

瑞成、冯菊坡、刘尔崧、梁复燃，广东总工会的黄焕庭，广东机器总工会的邓汉兴、李占标、黄裕谦。

6月1日，孙中山由韶关返回广州，留胡汉民留守大本营。他还任命许崇智为粤汉路警备司令，又致电陈炯明"请速来省共商大计"。

6月15日，中共中央发表《第一次对时局的宣言》，提出"当务之急是反对帝国主义和封建军阀"，主张"建立一个民主主义的联合战线"。

6月，时中共广东支部已发展至32人，中共广东支部改组为中共广东区（代号"管东渠"）执行委员会，负责人谭平山，谭调离后为冯菊坡。活动已转入地下。

7月16—23日，中国共产党第二次全国代表大会在上海南成都路召开。

7月29日，彭湃、张妈安、林沛、李老四、李思贤等在海丰赤山约得趣书室成立了"六人农会"，这是中国出现的第一个农会。

8月29—30日，中国共产党在杭州西湖召开中共特别会议，陈独秀、李大钊等出席，会议决定接受共产国际代表马林的建议，共产党员可以以个人身份加入国民党。

9月，中国劳动组合书记部广东分部由冯菊坡、阮啸仙、刘尔崧、周其鉴等在广州惠福中路玉华中约20号二楼成立

办公。冯菊坡在中华人民共和国成立后任广东省政协副秘书长。

9月底,《珠江评论》周刊由阮啸仙等在广州创刊。该刊提出反帝、反军阀的口号,并倡导社会主义。不久被陈炯明查禁。

1921年10月,孙中山在梧州为广州黄花岗七十二烈士纪功坊题下"浩气长存"四字。

12月,北京大学教授张竞生(饶平人)在《京报副刊》发表《美治政策》一文,主张节制生育,提出"全国避孕",把中国人口维持在4亿人,最好减到3亿人。

1923年1月12日,共产国际对中国问题做出关于国共合作,但无论如何不能合并的决议。这个决议为中共中央所接受。

1923年2月15日,孙中山偕谭延闿、陈友仁等离沪,17日抵港,在香港大学演说和出席工商界招待会后,是日到达广州。他重建大本营于农林试验场(4月3日迁河南士敏土厂),称"海陆军大元帅"而不称"大总统"。

1923年2月22日,孙中山对东方通讯社记者谈话,提出三点政治主张:西南之团结;"予以(与)张(作霖)、段(祺瑞)之三角联盟,现进行亦甚顺利";"吴(佩孚)若不从余之主张,当用联盟之力讨伐之",以期达到国家统一。图1为孙

中山先生与两个女儿在轮船上的合影。

5月13日，社会主义青年团广东区团委改组，书记为阮啸仙，杨章甫等四人为委员，杨匏安等三人为候补委员。

4月25日，驻汕头之"肇和""永丰""楚豫""肇平"四舰舰长田士捷等通电响应上海海军，温树德急派"海圻""海琛"两舰驾往汕头监视前四舰。

图1 孙中山先生与两女儿在轮船上合影（藏于香港孙中山纪念馆）

5月29日，孙中山任命林云陔为中央银行行长，宋子文为副行长。

6月12—20日，中国共产党第三次全国代表大会于惠州、北江、西江的炮声中在广州东山恤孤院后街31号（现恤孤院3号，原址抗战时已毁）春园谭平山宅召开。

6月，《新青年》在广州复刊，改为季刊，主编瞿秋白。《新青年》成为中国共产党的理论刊物。是年第一期为"共产国际"专号，该专号在中国首次刊出了《国际歌》。共出版了四期，至1924年12月休刊。1925年出不定期刊，1926年7月终刊。

6月，中国国民党机关报《广州民国日报》在广州创刊。1937年改名为《中山日报》。

8月10日，由航空局局长杨仙逸设计、广州大沙头飞机制造厂生产的第一批十余架飞机制造成功。是日由机师黄光锐偕宋庆龄驾驶座机一架，在大沙头机场上空做飞行表演，孙中山亦亲临参观。试飞毕，此机即以宋庆龄的英文名字Rosamonde命名为"乐士文号"。这家飞机制造厂于1938年广州陷落前迁往云南、贵州（参见《广州民国日报》）。

8月24日，苏联驻广东代表团（后改称"苏联顾问团"）鲍罗廷等抵达广州。鲍是共产国际驻中国代表，10月18日又兼任中国国民党特别顾问（亦称"组织教练员"）。

9月初，中共中央迁广州开完中共三大后，又离穗迁回上海，《向导》杂志随行。谭平山留广州任中共中央驻粤委员。

10月21日，孙中山偕鲍罗廷视察虎门要塞，并检阅军舰。

10月25日，中国国民党改组特别会议在广州举行，到会100余人。廖仲恺、邓泽如主持会议。廖仲恺先说明了国民党改组的理由，并宣布成立九人中央临时执行委员会，委员是廖仲恺、谭平山（书记兼组织委员）、邓泽如、林森、陈树人、孙科、胡汉民、吴铁城、杨庶堪，候补委员是汪精卫、李大钊、谢英伯、许崇智、古应芬五人，顾问为鲍罗廷。28日，该临时执行委员会正式成立。

11月27日，孙中山令将省立广东高等师范学校改为国立，由邹鲁兼校长。其经费以舶来品士敏土税款附加大学经费拨用。1932年又以舶来品肥田料税款建筑该校新校舍。

12月21日，孙中山在岭南大学演说，勉励师生要"立志做大事，不可做大官"，指出无论什么事，只要是能为大家谋幸福的，能够"彻底做成功，便算大事"。

1924年2月4日，孙中山令将广东高等师范学校、广东法科大学、广东农业专门学校合并为国立广东大学（1925年7月广东公立医科大学也并入）。孙中山题写其校训"博学、审问、慎思、明辨、笃行"。

2月，中共中央因广东党组织的活动暂限于省会一处，故

决定撤销广东区委，由中共广州地委领导省、港党的工作。

1924年3月10日，孙中山在广州检阅张民达旅，演说《革命军不可想升官发财》，说"必须为主义去牺牲"。

1924年3月24日，孙中山在广州对滇军讲演《革命成功始得享国民幸福》，说要创造世界第一好国家，超越美、法、日等国，才能享幸福。

4月7日，印度大诗人泰戈尔抵港，孙中山派陈友仁、甘乃光往晤。泰戈尔随即到沪讲学。

5月1日中午，广东各界万人在广州西关太平戏院召开大会，纪念五一国际劳动节。

5月25日至6月1日，社会主义青年团广东区第二次代表大会在广州召开，出席代表20人。

5月29日，佛山南浦农团军成立，共300人，团长吴勤，副团长李江。农民部部长彭素民及廖仲恺、冯菊坡、施卜、杨匏安、罗琦园、杨殷、钟地等到会发表讲话。

9月12日，孙中山移大本营去韶关。临行前孙告诉记者："余为顺应大局之趋势，即向陈炯明让一步亦无妨，宁放弃广东以向中原而跃进。"

9月下旬，周恩来留法勤工俭学归来，奉党中央指示留穗工作。10月，为中共广东区委委员长兼任宣传部部长。

10月5日，苏联领事馆在广州东山举行开馆仪式，领事

是纪尔高；同日，大使馆在北京开馆。

1925年1月1日，农民运动讲习所第三期开学。

1月26—30日，中国社会主义青年团第三次全国大会在上海举行，改名为"中国共产主义青年团"。

2月15日，共产主义青年团广东区委召开临时大会，由刘尔崧传达团中共三大精神。决定撤销团区委，成立团广州地委，以刘尔崧（书记）等五人为委员，郭瘦真等三人为候补委员。3月，潮安团组织重建。8月13日，汕头团地委成立，书记廖其清。

2月24日，孙中山病危，口授遗嘱、家事遗嘱及致苏联遗书，由鲍罗廷及汪精卫等笔录。3月11日，孙中山在遗嘱上亲笔签字。

3月15日，国民党党员在广州第一公园宣誓，继承孙中山遗志，会后游行致哀。

3月16日，香港全体华工工团总会召开追悼孙中山大会，团体工会100余个共15万人参加，停工、停业一天。

3月17—19日，广州20余万人到孙中山灵堂致祭，并举行追悼大会。

5月1日，广东各界纪念五一国际劳动节大会在广东大学操场举行，胡汉民主持大会，谭平山、张国焘、邓中夏等讲话。

1925年6月19日至1926年10月10日,省港大罢工;"五卅惨案"发生后,上海又多次发生枪杀工人、学生事件。6月8日,中共广东区委遂派邓中夏、孙云鹏去港协同当地党员陈郁、何耀全等发动工人罢工,支持上海工人斗争,并决定由邓中夏、苏兆征、黄平、杨殷、杨匏安五人组合中共党团,领导发动工作。

8月20日晨9时50分,廖仲恺去上班,乘车到达惠州会馆国民党中央党部门前时,遇刺受伤,送广东公医院途中逝世,夫人何香凝幸免于难。同难者有监察院委员、前中国新闻报社社长、党立宣传员养成所主任陈秋霖。凶手陈顺被卫士击伤,24日死于公医院,另三名凶犯逃去。国民党立刻发出讣告,令下半旗三天志哀。公职人员臂缠黑纱七天(22—28日)。次日又颁给治丧费一万元,准予国葬。另给予陈秋霖治丧费5000元。

25日,国民政府令,设审理廖案特别法庭,以朱培德(委员长)、李福林、岳森、吴铁城、甘乃光、陈树人、陈公博、周恩来、陈孚木九人为检查委员。

10月5日,毛泽东代理国民党中央宣传部部长职,沈雁冰任秘书。

10月17日,陈章甫任国民革命军东征军南路新编第二师师长。

10月31日,中共四届二次执行委员会扩大会议在北京召开。会议决定成立军事部,由张国焘负责。广东区党委军委由谭平山(主任)、陈延年、周恩来组成。由苏联回国的叶挺、熊维、聂荣臻等12人已于9月分配去广东从事军事工作。

12月10日,国民党派李章达为廖案特别法庭审判员。24日又任命杨匏安、谭桂萼为审判员。

1926年1月1—19日,中国国民党第二次全国代表大会在广州旧省议会国民党中央党部大礼堂举行开幕典礼及开会。出席代表270人。杨匏安代表中共党员被选为中央执行委员会委员,毛泽东、董必武、邓颖超等中共党员被选为候补中央执行委员会委员。

同月22日,谭平山选为组织部部长,杨匏安等九人为常委。秘书处由谭平山、林祖涵、杨匏安组成。

1926年3月23日,郭沫若、郁达夫、成仿吾到中山大学任教。

1926年5月1日,第三次全国劳动大会和广东省第二次农民代表大会联合在广东旧省议会国民党中央党部大礼堂举行开幕礼。刘少奇、何香凝、陈其瑗、周其鉴、莫伦白、王亚嶂(上海工会代表)及国际友人施华诺夫讲了话。大会通过《致全国民众电》,会后游行。另一派工会则在西瓜园集会纪念五一国际劳动节。

7月，国民党第二届中央执行委员会临时全会在广州召开，中共党员恽代英、毛泽东、林祖涵、邓颖超、杨匏安参加会议。

10月15—28日，中国国民党在广州召开代表联席会议。中共党员恽代英、杨匏安、毛泽东、邓颖超等参加。

1927年1月17日，全省工农群众在中山大学操场开会，欢送全国总工会北迁。苏兆征、阮啸仙、邓中夏等讲话。

3月下旬，中共广东区委主要负责人陈延年、邓中夏等赴武汉参加五大，杨匏安（国民党省党部中共党团）、杨殷（铁路工会）等留粤。

3月，仲恺农工学校开学，校址在广州河南石涌口，首任校长为何香凝。

4月15日，中共广东党团及下属机构成员开始被捕。

4月17日，中共广东区委在广州西堤东桥附近召开紧急会议，由赖玉润主持，穆青、任卓宣、杨殷、冯菊坡、罗绮园、周文雍、吴毅等出席。

4月27日至5月9日，陈延年、杨匏安等13名广东代表团参加中共五大。杨匏安、阮啸仙当选为中央监察委员和候补监察委员。

6月24日，仁化暴动。蔡卓文部农军及北上后部分又返回粤北的农军一度打开县城，开牢放了犯人后又主动撤出，是

重返杨匏安烈士在广州的历史时空

为"仁化暴动"。至11月,朱德部南昌起义军由潮梅退至粤北,帮助他们成立了苏维埃政府,以阮啸仙、蔡卓文为主席。朱德部去井冈山后,农军也于1928年2月退守双峰寨,坚持斗争达8个月之久。

6月29日,武汉国民政府部长谭平山、湖北省民政厅厅长张国威、省农工厅厅长董用威(董必武)等辞职。

8月7—9日,中共中央在汉口三教街41号(现鄱阳街139号)召开"八七会议",22人出席。

8月8日,武汉国民党中央政治会议开除跨党国民党中央委员谭平山、林祖涵、吴玉章、恽代英、高语罕(以上五人还要免职通缉)、杨匏安、毛泽东、董必武、邓颖超等人党籍。

8月10日,武汉国民党中央又开除徐特立、李立三、张国焘、彭湃、周恩来等人党籍。

1928年6月18日至7月11日,中国共产党第六次全国代表大会在莫斯科召开。

8月17日,中共广州市委再遭破坏,书记阮啸垣,秘书长沙文求,委员吴星岩、蒋光廷、方达史均被捕。省委改派李耀先(书记)、黄益华、朱锦培组成新的广州市委。

11月,中共广东省委书记李源在东江巡视党务途中,与中共大埔县委书记邓凤翔在大埔三河坝同时被捕遇难。9月间,中共广州市委书记李耀先被捕牺牲,省委先后派许潮、姚常继

任。12月,姚被捕叛变,市委已无法在广州立足,遂撤往香港。

香港在1996年孙中山诞辰130周年时,在中西区设立了孙中山史迹径。2006年,为配合孙中山纪念馆落成,香港建筑署、旅游发展局与中西区议会一起,统一标识系统和信息牌,形成15个节点,仅花费400万港元。

香港孙中山史迹径合长3.3千米,以香港大学为起点,沿般咸道至德己立街为终点,行毕约120分钟。

图2是香港孙中山史迹径节点地面展示形式和标识。图3至图5是香港兴中会议事旧址及其相关信息。图6、图7是香港和记栈旧址及其信息柱。

图2 香港孙中山史迹径节点地面展示形式和标识

重返杨匏安烈士在广州的历史时空

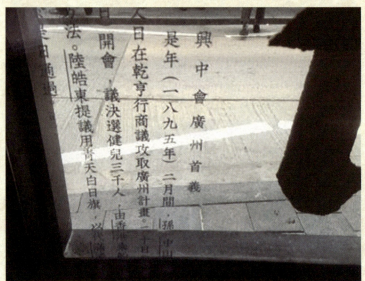

图3 香港兴中会议事旧址的说明牌

那年那月那日的人和事

图4 香港兴中会议事旧址

图5 香港兴中会招待所信息柱

重返杨匏安烈士在广州的历史时空

图6 香港和记栈旧址

图7 香港和记栈旧址的信息柱

418个月的春华秋实*

离上次刊载的小文《杨匏安先生生活战斗过七年的杨家祠》又一个月过去了。这一个月我去了现场三次，今天终于看到拿着工具准备开工的工人。今年正好是杨先生发表介绍马克思主义文章100周年纪念，杨先生在世共有418个月（35年），每一天对他来说都是宝贵的，不然何来如此丰硕的理论和文字成果？在南粤古驿道15个重大发现中，古鹤村到麻省理工学院学习机械的第一位留学生张文湛的故居入选。事有巧合，杨先生母亲陈智也出生于古鹤村，足见岐澳古道群英辈出。位于岐澳古道旁的北山村既走出了南方传播马克思主义第一人，也走出了革命母亲陈智。无论是五四运动，还是大革命

---

* 本文于2019年1月8日发表于南粤古驿道网（www.infonht.cn）。

重返杨匏安烈士在广州的历史时空

时期的革命统一战线，再到中国工人运动，杨匏安先生 35 年生命的春华秋实，为国家进步做出如此之多的贡献，对视自"潸然"，遂录抄若干资料以示敬意，并供布展参考。

图 1 至图 4 是广州杨家祠现状。

图 1 被宿舍包围有坡屋位的历史建筑就是广州杨家祠

图 2 广州越华路杨家祠附近的黄葛树

（笔者按：此树树龄超百年，想必杨先生见过。）

重返杨匏安烈士在广州的历史时空

图3 从两广总督署时期至1926年国民政府办公地门前的石狮
（笔者按：此石狮杨先生想必也见过。）

418个月的春华秋实

图4 手拿铲子准备开始对广州杨家祠开展修缮工作的工人

关于杨家祠——杨匏安故居外围环境氛围的营造，可选择若干回忆录，摘抄于室外巷道，扩大有限的展示空间。

重返杨匏安烈士在广州的历史时空

下面是杨文达（杨匏安长子）于1987年的回忆：

杨家祠原来面积颇大。西邻为两广总督衙门，大革命时期为省长专员公署，紧贴公署有一条青石板铺成的杨家祠道，道的东西是杨家祠的产业。从西而东为棉花铺、米店、善堂、"兆丰楼"。

杨家祠道约三十米深，南面为司后街，北面为公署内的兵营。杨家祠道北端向东，进入一道拱门，便是一个约六十平方米的草坪。拱门南侧有一小屋，是看门人古婆母子住屋。拱门对正是一条丁字形的石板路贯穿草坪的西东北三面。一座两进深的坐北向南的旧式建筑就是杨家祠主要部分。家祠门前两侧，种有两棵十多米高的梧桐树。家祠前座大门二米宽三米高，门楣上挂有"泗儒书室"横扁（匾）。大厅深九米半，连东西厢房横宽十三米，连接天井处有两根青石方柱，直支上盖，与后座两根对称为四方形。后座比前座深些，后堂正中是杨氏宗亲的神主牌位，后座

西墙挂有黑板,还有长台、长凳等设备。

前后座东西均有厢房,厢房有小阁楼,各自有精巧的楼梯上下。

草坪的东面,还有一个圆拱门,内有水井、石榴树、厕所等。家祠东侧为厨房,并有小门通新丰街。旧址现只存前座大厅及东西厢一座。

一九一七年,我出生在澳门,是杨匏安的长子。……我还未会走路,父亲便带全家迁回广州,居住在杨家祠。五四运动前后,父亲就开始在《中华新报》发表宣传马克思主义的文章。一九二〇年,学习注音字母,推广讲"国语"(即普通话),是文化与科学的进步内容之一。故在组织中共广东组织的同时,就在杨家祠内挂起了"注音字母训练班"的招牌,杨章甫、杨匏安均有任教。注音字母训练班形成了掩护共产党组织活动的一面招牌。

(杨文达《回忆父亲在杨家祠的革命岁月》)

于光远的回忆:

杨匏安的家本来就穷。现在丈夫死了,孩子又很多,生活很困难。大儿子在香港一个小店里打工,二儿子(就是杨宗锐)得到何香凝的资助在仲恺农工学校读书,其他的孩子在中山乡下。她自己有病就住在广州的杨家祠。

……

我看到她住在杨家祠一间很大的大厅里。我没有看清这个大厅里住有多少人家。我的印象有许多家住在那里。杨匏安夫人住在大厅的一个角落。只有一张床和一张小桌子、一张凳子这么大的空间。她住的地方同别人住的地方之间没有墙壁,而是用柜子隔开的。

(于光远《杨匏安夫人印象记》)

杨青山的回忆：

坐落于广州越华路旧省长公署左侧的杨家祠（现在被省轻工业厅的建筑物包围，并被拆毁了后半部分）是中共广东支部的所在地，也是广东革命的一个指挥所。自一九二〇年十二月谭平山等在素波巷成立了广东共产主义小组后，就将这个小组的所在地设在了杨家祠，当时杨匏安全家都住在这里。杨匏安是广东党的领导人之一，谭平山、谭植棠经常来商讨工作。此后广东党员增加了阮啸仙、刘尔崧、张善铭、谭天度、冯菊坡、梁复燃、王寒烬、杨殷、杨章甫等。他们经常来这里集会活动，有时达三四十人。此后，在党中央工作的瞿秋白、刘少奇、张太雷、李立三、穆青、高君宇、彭述之等，也常来杨家祠开会，指导广东党的工作。瞿秋白同志曾在这里教唱《国际歌》，并有一个时期教授社会科学。刘少奇同志在这里报告过京汉铁路大罢工经过……

（杨青山《杨家祠——广东党的早期活动据点》）

重返杨匏安烈士在广州的历史时空

邓颖超1941年8月12日致杨匏安之子杨明同志的信：

杨明同志：

你给我们的信早收阅，因忙未即复。你在党的教育下，能够努力求进步，我们甚为欣慰。你的大哥我们已见过，他很好，亦在设法学习。现将你姑姐给你的一包东西送去给你，望查收给条为盼！此复，祝进步！

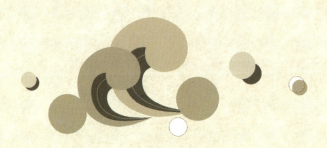

杨玄、杨明、杨志的回忆：

宗锐到了邓颖超同志处，看到了她的手抄本，那里有父亲的一首诗，题目是《死前一夕作·示难友》。我们把这首诗抄在一张小纸条上。这张小纸条被保存下来。这首诗全文是——

慷慨登车去，相期一节全。
残生无可恋，大敌正当前。
知止穷张俭，迟行笑诸渊。
从兹分手别，对视莫潸然！

（1945年1月3日抄于颖超同志处）

我们家在这里住了好几年。这是一个很有纪念意义的地方，广东初期的共产党组织，经常在这里开会、活动；大革命时期，这里更是一个重要的地点，周恩来、陈延年、谭平山、苏兆征以及廖仲恺等等，是这里的常客。

（杨玄、杨明、杨志《先父杨匏安遗事》）

1919年杨匏安24岁在穗生日所书,附1919年1月13日发表的《二十四初度》:

朝来妇子共嬉嬉,病起犹堪进一卮。
堕地孰教成鞅掌?全天吾与学支离。
栖心莫梦藏隍鹿,袖手休弹覆局棋。
喜奉高堂班果饵,偏将此日忆儿时。
(注:鞅掌,作"烦劳"解。)

杨匏安诗作《十一月既望泊舟星架坡港》:

故乡回首战云深,漏刃投荒万里临。
余日可消行坐卧,感怀休问去来今。
江南有梦迷蛮瘴,海外何人辨雅音?
自笑身闲心独苦,当头皓月伴微吟。

珠海杨匏安纪念馆开放以后,广受好评,遂将展览中部分片段拍摄供参考(如图5至图10所示)。

图5 珠海纪念馆关于杨匏安妻子的介绍

图6 珠海纪念馆关于杨匏安长子杨文达的介绍

重返杨匏安烈士在广州的历史时空

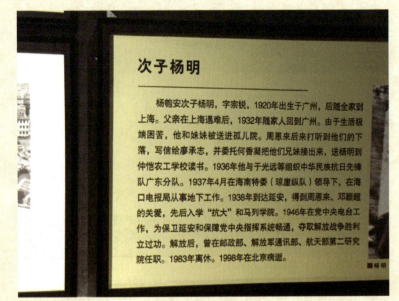

图7 珠海纪念馆关于杨匏安次子杨明的介绍

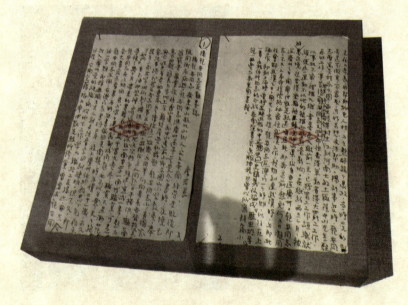

图8 珠海纪念馆展出的康若愚纪念杨匏安的手稿

1931年7月，因叛徒告密，在党中央机关工作的杨匏安等16人不幸被捕。蒋介石在指派吴稚晖、熊式辉、吴铁城多次对杨匏安劝降未果的情况下，又亲自打电话进行劝降，遭杨匏安坚决拒绝。国民党元老吴稚晖要他写自白书，杨匏安回答："我开始参加革命就把生死置之度外，死可以，变节是不能的！"在狱中，杨匏安为勉励难友保持革命气节，写下了《示狱友》一诗。周恩来后来多次用此诗教育党员向杨匏安同志学习。

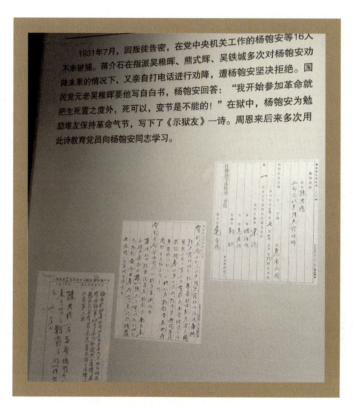

图9　珠海纪念馆展出的杨匏安手稿

重返杨匏安烈士在广州的历史时空

图10 珠海纪念馆展出的《人民日报》2001年建党80周年纪念文章

1919年那间平凡而光芒四射的小屋*

2018年12月9日,汕尾马思聪艺术中心歌声嘹亮,来自黄浦江畔的上海音乐学院师生带着深厚的感情,奔向海陆丰,来到彭湃、丘东平革命英烈的故乡,在中国现代音乐教育奠基人马思聪故里纵情放歌。贺绿汀先生必定欣慰,鲁艺华中分院教务主任丘东平老师也定然觉得悦耳!贺绿汀先生在《敌后散记》一文中回忆,看到东平先生最后一眼是射阳河撤退在小船上隔河相望,"丘东平在一桥边指挥学生撤退,也被敌人发现,后来牺牲了;在海丰那样的情况下得以幸存,却在此时牺牲了,这是无可挽回的永远伤心的事"。"海丰那样的情况",指的是在海陆丰农民运动被残暴镇压的白色恐怖时期。现在天晴

---

* 本文于2018年12月9日发表于南粤古驿道网(www.infonht.cn)。

了，上海音乐学院此行可安抚贺绿汀先生伤心之痛。在正值改革开放40年之际，再过20多天即将进入中华人民共和国成立70周年的2019年，南海正扬帆。

海陆丰农民运动的熊熊大火、南粤大地的星星之火引燃了省港大罢工运动，从某种意义上来说，这都与广州市旧城区越华路司后街的一间小屋有关联。彭湃多次出现在这间小屋，瞿秋白、周恩来、刘少奇和苏兆征更是此屋的常客。此屋是杨匏安在广州的故居——泗儒书室；是属于香山杨氏族人来穗赶考的聚居地杨家祠，杨匏安先生就曾居住在杨家祠的后座东厢。

1919年，杨匏安先生在这间小屋为《广东中华新报》之"通俗大学校"栏目撰文《马克思主义（一称科学的社会主义）》。当年11月11日至12月4日分19天次连载，杨匏安成为中国南方马克思主义最早的传播者。可以想象，在阁楼狭小的空间，杨先生深夜奋笔疾书，小心翼翼地蹑步，怕影响楼下进入梦乡的妻子、母亲、庶母，还有两岁的杨文达、小他9岁的堂弟杨广。求证于杨匏安先生后人和珠海同事，先生次子杨明出生于1920年2月11日，而堂弟杨广小时候丧母，其母临终时托付陈智老人代为抚养成人，遂与杨匏安先生一家来到广州定居于杨家祠，白天由他将杨匏安先生写的文稿送到第七甫报社。杨匏安先生的手稿如图1所示。

1919年那间平凡而光芒四射的小屋

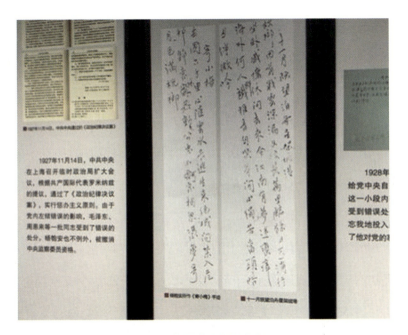

图1 杨匏安先生的手稿

此小屋从1918年杨匏安先生入住至1928年离开,是广东共产主义小组活动所在地。多少仁人志士在这间典型的广东四合院型制的家祠中,分享思想所得,共商国家和民族的未来,然后从这里走向大千世界。这间平凡的书院传统建筑曾放射出万丈光芒,照亮了人类追求解放之路。然而,这间百年老屋后来已逐渐沧桑败落。所幸,2018年12月7日,这间小屋的修缮计划已经实质性启动。

1918年春,杨匏安居于杨家祠。随着俄国十月革命的胜利、五四运动的爆发,1919年5—12月,在这间小屋,杨匏

安奋笔疾书，写下了近10万字的文章，介绍新文化和马克思主义。于光远先生称杨匏安为"最早把马克思主义传播到中国的先驱者之一"。

杨匏安随后进入国民革命统一战线中，受中共中央的委派加入国民党，并处于显赫的组织部门的关键岗位。他是古大存同志1924年入党的介绍人。1925年，他派古大存加入东征军成为战地宣传员。1926年，古大存参加广东省第二次农民大会，杨匏安会后召集代表中的中共党员，号召在农民中大力发展共产党员。开展类似的革命工作，杨匏安先生不仅有胆略，而且具备很强的亲和力和出色的技巧。

2012年，歌颂英烈的电影《忠诚与背叛》就是根据王荷波、杨匏安在武汉中共五大产生的中国共产党监督委员会任职前后的史实改编的。1927年5月9日，中共五大经过大会选举，诞生了由七名委员、三名候补委员组成的中央监察委员会，主要职责是代表广大党员监督党的中央机关和工作人员，保证党的统一纪律。杨匏安先生1927年4月赴武汉参加中共五大时，已是中共广东区委执委。广东代表团当时有陈延年、苏兆征、彭湃、黄平、李鸣、区梦觉、杨匏安等13人。此次会议产生了中国共产党监察委员会制度，是最重要的制度成果之一。早在1924年，杨匏安在广东区委就与周恩来、陈延年

同志有地方实践经验，担任了广东区委监察委员会委员。

"八七会议"后，杨匏安因受到不公正对待而被处分，因此流转于新加坡、澳门、香港等地，1930年秘密赴上海，在周恩来领导下主编《红旗》机关杂志，勤于笔耕的杨匏安撰写了《西洋史要》和《地租论》(如图2所示)，由在沪粤籍左联作家的核心人物杜国庠主持的南国书局出版。杨匏安先生于1931年7月被捕，遇害于上海国民党龙华警备司令部，临刑前留下《死前一夕作·示难友》一诗：

慷慨登车去，相期一节全。
残生无可恋，大敌正当前。
知止穷张俭，迟行笑诸渊。
从兹分手别，对视莫潸然！

图2 杨匏安先生翻译的《地租论》

阅读《康若愚自传》中有关杨匏安的片段，对理解赴武汉之前的杨匏安很有帮助。康若愚与杨匏安很早就在日本认识，直至返回中国后，仍与杨匏安来往甚多，因此对杨匏安生活和工作的了解非常全面。康若愚出生于1896年，是康有为的堂侄女，从小与母亲潘雪篪在日本居住，杨匏安在日本求学时与她们为邻。现将有关文字摘录如下：

……母亲设塾教学的第八个年头，……这时隔邻有一青年杨鲍安，从国内来找职业（他因反对校长贪污，被反诬捣乱入狱，他们三人出狱后随商人来此），职业是不易找，日久断炊，就拿带来的书来兜售，内有《如此》的油印刊物，是他们自编的入狱与反抗的说明。母亲同情他们，介绍学生购买几次，自此以后，杨于晚间常来谈论文学，如托尔斯泰的《复活》；又从无政府主义谈到共产主义。他们就这样成了好朋友。他不来，母亲就去请（并常唱和诗词）。秋天了，母亲生病，请杨代课了一星期，母亲的病就不治而死了！一切丧葬及费用全由新旧学生捐款办理……

杨鲍安的职业始终不易找，回澳门去了。他的母亲来信叫我去，问我愿意当她的女儿不？我就像鲁滨孙漂流记一样漂到了陌生的澳门。虽则这是我出生的土地，中国的土地；但一切由葡人作主，跟我在日本一切由日人作主下生活没有什么两样：我并不是愉快的。开始为了生活要工作了。在一个大赌商家作家庭教师，三个月后这些

小姐姨太太不好好读书,我也不愿教下去。……这时杨匏安已在广州找到时敏中学当教务长的教职,我也随着他家迁居广州。不久我在道根女师教书,半年后推我当校长……这时,杨匏安已进行铁路工人运动工作。我和宝书在芳村找到三亩杨桃园,名永乐园,组织小农场。白天渡江教书,下课后回去向农民学……

打刘杨军阀(刘震寰、杨希闵)时,杨匏安来芳村我处住下作联系机关,每天往士敏土厂孙中山临时设的办公处工作。这次是有准备有计划的行动,有必胜的信心,所以在几天内如期打垮了刘杨……

香港罢工,工人阶级胜利地使香港变成了臭港,这些现实又使我明确了广州是反帝反封建的革命中心,共产党是革命的动力。永乐园的所在地芳村,也成了市郊农民运动的中心,成立了市郊农民协会。宝书也进了国民党组织部工作。杨匏安是组织部长。我则组织妇女解放协会芳村分会。杨匏安于香港罢工前数天往香港参加组织罢工工作被捕了,幸而他在被捕前已完成了他这次去的任务。当他出狱回来

时,已见不到廖仲恺(被反动派刺死了),只能等到开祭的一天,他上午去办公,下午叫我同去追悼。他告诉我这是革命损失,以后困难更多了。我们在灵前追悼后,他与何香凝相对顿足咽泪。何引他到另一室商量大事。……

北伐军顺利地出发了……鲍安这时又有任务,要从陆路越山先期到汉口。他叫我从上海往汉口参加工作。……我到了汉口,也正是中共五次大会开始的一天,鲍安告诉我可能在大会后派他往南昌,随军行动,我可以同去;不然要我仍返广州。三四天后,区大姐来同我住在一起,购到船票后同返上海。……

……我在上海常暗自到鲍安家,南京公演后,又住在鲍安家帮助他抄写他根据苏联东方大学的教材编写的《历史概要》(编者按,应为《西洋史要》)稿子,他告诉我用这个名字可以使中上学校的教员买来作补充材料教育学生。……

(《〈康若愚自传〉中有关杨鲍安片断》)

以上回忆摘自康若愚同志于 1951 年 7 月间写的自传，引自李坚教授《杨匏安史料与研究》一书。中山大学李坚教授从 1986 年写作《杨匏安传略》一书，长期坚持不懈地进行有关杨匏安资料的收集，也发表了多篇杨匏安思想研究的学术文章，1999 年中共党史出版社出版的《杨匏安史料与研究》成为后期有关杨匏安研究最全面的基础资料。当老人得知广州杨家祠得到修缮时，感慨万分！

1919 年那间平凡的屋子，在 2019 年再一次放射出不平凡的光芒！

杨家祠门头壁画简介*

广州美术学院（以下简称"广美"）中国南粤古驿道研究中心以所发现的杨家祠门头壁画，分别请广美美术馆副馆长胡斌教授、广美国画学院陈锴生老师、广美美术教育学院莫惠雯老师对壁画画面进行指导和读解。综合以上三位老师的专业读解与基本背景信息，笔者编写了《杨家祠门头壁画简介》的内容。

从两幅壁画的题字看，分别可见"东波笠屐"（如图4所示）和"雁塔题名"。为了便于传播，暂且以这两组题字分别为这两幅壁画命名。这两幅画画面较像清末风格，笔法大体都是宋代院体，民间壁画一般有粉本，即是有特定的主题和样式作为图式参考。图1、图2分别为杨家祠门头壁画宣传图和简介。

---

* 本文于2019年2月18日发表于南粤古驿道网（www.infonht.cn）。

重返杨匏安烈士在广州的历史时空

图1　杨家祠门头壁画宣传图

杨家祠门头壁画简介

编写：广州美术学院美术馆副馆长胡斌教授、广州美术学院中国画学院陈铿生老师、广州美术学院美术教育学院莫惠雯老师
整理：广州美术学院中国南粤古驿道研究中心梁迪宇

广州美术学院中国南粤古驿道研究中心以所发现的杨家祠门头壁画，分别请广州美术学院美术馆副馆长胡斌教授、广州美术学院中国画学院陈铿生老师、广州美术学院美术教育学院莫惠雯老师进行对壁画画面的指导和读解，综合以上三位老师的专业读解与基本背景信息的结合，笔者整理成以下的《杨家祠门头壁画简介》内容。

从两幅壁画的题字看，分别可见"东坡笠屐"和"雁塔题名"，暂且以这两题字分别为这两幅壁画命名，易于传播。画面较像清末风格，笔法大体都是宋代风体，民间壁画一般有粉本，即是特定的主题和样式作为图式参考。

从这两幅壁画中可看到多种技法的集合，构图平稳。经广州艺术博物院研究员翁泽文初步考证，《雁塔题名》为清末民初广府壁画画师陈灼文，南海人。"雁塔题名"是古代科举制度中进士及第的代称。雁塔即大雁塔，在陕西西安的慈恩寺中，为唐玄奘所建。据说唐中宗神龙年间，进士张莒游慈恩寺，一时兴起，将名字题在大雁塔下。不料，此举引得文人们纷纷效仿，尤其是新科进士更把雁塔题名视为莫大的荣耀。他们来到大雁塔下，推举善书者将他们的姓名、籍贯和及第的时间用墨笔题在墙壁上。这些人中若有人日后做到了卿相，还要将姓名改为朱笔书写。从此以后，"雁塔题名"成为进士及第的代称。在家门上方绘制此画，显然寄托了屋主希望子子孙孙都能够在科举考试中金榜题名、尽享荣华富贵的愿望。《雁塔题名》画面半边高峰与半边山丘的落差较像南宋的画面，晕染为主用笔比较湿润，山沟多用披麻皴，凉亭和屋落布局颇有空间感，用笔较软，有浓郁的文人气息，虽然树木造型的画法比较程式化，但总体画面完整秀雅，意位别致，视觉观感上还是不错的。

"东坡笠屐"不知道是不是"东坡笠屐"之误，如果是东坡，那就是描绘苏东坡谪居海南时看斗笠木屐的故事：《东坡笠屐》。根据老粤西白话方言中，有"苏东坡"常被念成"苏东波"的发音习惯，这画面上当时留下的笔误，经善意的猜想，是当时的粤西画师题的。自宋以来，历经元、明、清及现代，创作和研究《东坡笠屐图》者不乏其人，宋代以后的士大夫所向往的"耕读传家"生活状态，一方面参加进士考试，一方面创始农耕生产。"东坡笠屐"的典故，指苏东坡流放到海南儋州后，一天去看望黎子云，路上遇雨，便向附近农家借得竹笠和木屐以避雨，但穿戴起来却甚是奇样，惹得当地妇孺争笑，连狗也对着他吠叫，苏东坡只是说："笑你怪也，吠你怪也！"后人引此事，却是赞美苏东坡旷达乐观、与民亲善的襟怀和气度。《东坡笠屐》树屋多用中锋勾勒和点叶，高山的披麻皴也是湿润的中锋，其余侧峰行笔较多，落笔看得出酣畅淋漓，意境较浓，很有南方湿润清秀的风景，看得出这笔意服务着这意境，不是那种硬朗刚劲的风格。

《雁塔题名图》

《东坡笠屐图》

图2 杨家祠门头壁画简介

重返杨匏安烈士在广州的历史时空

从这两幅壁画中可看到多种技法的集合,构图平远。经广州艺术博物院研究员翁泽文初步考证,《雁塔题名》的作者为清末民初广府壁画画师陈灼文,南海人。"雁塔题名"是古代科举制度中进士及第的代称。雁塔即大雁塔,在陕西西安的慈恩寺中,为唐玄奘所建。据说,唐中宗神龙年间,进士张莒游慈恩寺,一时兴起,将名字题在大雁塔下。此举引得文人们纷纷效仿,尤其是新科进士更把雁塔题名视为莫大的荣耀。他们来到大雁塔下,推举善书者将他们的姓名、籍贯和及第的时间用墨笔题在墙壁上。这些人中若有人日后做到了卿相,还要将姓名改为朱笔书写。从此以后,"雁塔题名"成为进士及第的代称。在家门上方绘制此画,显然寄托了屋主希望子子孙孙都能够在科举考试中金榜题名、尽享荣华富贵的愿望。《雁塔题名》画面半边高峰与半边山丘的落差较像南宋的画面,以晕染为主,用笔比较湿润。山沟多用披麻皴,凉亭和屋落布局颇有空间感,用笔较软,有柔润的文人气息。虽然树木造型的画法比较程式化,但总体画面完整秀雅,意境别致,视觉观感上还是不错的。

杨家祠门头壁画简介

图3 正在修缮的杨家祠门头壁画

"东波笠屐"不知道是不是"东坡笠屐"之误。如果是东坡，那就是描绘苏东坡谪居海南时着斗笠木屐的故事。在老粤西白话方言中，有把"苏东坡"念成"苏东波"的发音习惯，这画面上留下的笔误，经善意猜想，应是当时的粤西画师题的。自宋以来，历经元、明、清及现代，创作和研究《东坡笠屐》图者不乏其人。宋代以后的士大夫向往"耕读传家"生活状态，一方面参加进士考试，一方面参加农耕生产。"东坡笠屐"的典故，指苏东坡流放到海南儋州后，一天去看望黎子云，路上遇雨，便向附近农家借得竹笠和木屐以避雨，但穿戴

149

起来甚是奇怪，惹得当地妇孺争笑，连狗也对着他吠叫，而苏东坡只是说："笑所怪也，吠所怪也！"后人引此事，却是赞美苏东坡旷达乐观、与民相亲的襟怀和气度。杨家祠的《东波笠屐》图树屋多用中峰勾勒和点叶，高山的披麻皴也是湿润的中峰，其余侧峰行笔较多，落笔酣畅淋漓，意境较浓，很有南方湿润清秀的风景。看得出这笔意服务着这意境，不是那种硬朗刚劲的风格。

图4 杨家祠门头壁画

1923年,从杨家祠到恤孤院后街31号

杨家祠,又名"泗儒书室",位于广州市越秀区越华路116号。当年这座坐北朝南的两进祠堂,西边紧邻两广总督署(今广东省民政厅),东边为新丰街,前临司后街(今越华路),后边为兵营。它是珠海北山杨氏家族在广州设立的宗族祠,也

重返杨匏安烈士在广州的历史时空

是杨氏子弟到广州读书应试的寓所。1918年年初，杨匏安与族叔杨章甫举家迁居杨家祠。① 在杨家祠后座东厢阁楼的油灯下，杨匏安撰写了大量文章，宣扬马克思主义，是华南地区系统介绍马克思主义的第一人，杨家祠因此成为大革命时期中国共产党一个重要的红色活动据点。广州党团组织建立后，由于缺乏活动场所，党团的许多会议都在杨家祠举行，陈独秀、谭平山、周恩来、陈延年等众多革命人物都曾走进杨家祠。

一、杨家祠与中共三大

在杨匏安寓居杨家祠的1918—1925年间，发生了中国共

---

① 中共党史出版社1999年出版的《杨匏安史料与研究》中《杨淑珍回忆录》一文记载："杨家祠位于司后街省总督衙门隔邻（即现越华路民政厅侧）。……第一进大厅深九米半，东西厢房由杨词通父女居住，北熙之子杨步尧即出生在这里。……后座和前座面积差不多，可能是较深一些，正中有杨族的祖先灵牌。东厢房由杨匏安居住，西为杨章甫居住。厢房均有阁楼，各自有楼梯独立上下。杨匏安和杨章甫经常为党在此工作至深夜。"书中《回忆父亲在杨家祠的革命岁月》一文记载："一座两进深的坐北向南的旧式建筑就是杨家祠主要部分。……家祠前座大门二米宽三米高，门楣上挂有'泗儒书室'横扁（匾）。大厅深九米半，连东西厢房横宽十三米……后座比前座深些，后堂正中是杨氏宗亲的神主牌位，后座西墙挂有黑板，还有长台、长凳等设备。前后座东西均有厢房，厢房有小阁楼，各自有精巧的楼梯上下。"根据以上杨匏安姑妈杨淑珍和儿子杨文达的回忆资料，杨家祠前座东西次间为杨词通父女居住，杨匏安居住和进行革命活动的地方为后座东次间，现已不存。

产党早期革命的几件大事，其中最重要的当属1923年夏在广州召开的中国共产党第三次全国代表大会。

这次会议于1923年6月12—20日在广州召开，来自全国各地及莫斯科的代表近40人①代表了全国420名党员出席大会。中共三大所确定的建立国共合作革命统一战线的策略，促进了第一次国共合作的实现，使共产党活动的政治舞台迅速扩大，加速了中国革命的步伐，为波澜壮阔的第一次大革命做了准备。

中共三大究竟有多少名代表参加，一直众说纷纭，因为这次回忆并没有一份完整的名单留世。杨匏安没有出现在各种版本的参会代表名单中，他的族叔杨章甫则是广东地区代表之一。而杨匏安这位马克思主义在华南地区最早的传播人，承担了广东区委分配的任务，参与筹备中共三大会议，进行会务接待，为参会代表安排食宿，提供后勤保障。

参加中共三大的北方区代表罗章龙在回忆那时的情景时说："到广州后，我们立刻换上了一套半长不短的'唐装'，一

---

① 在瞿秋白的日记里，可以看到选举几位中央执委会委员的票数是："独秀（40），和森（37），守常（37），荷波（34），泽东（34），朱少连（32），平山（30），项英（27），章龙（25）。候补：邓培、张连光、徐梅坤、李汉俊、邓中夏。"从中可以推测，参会人数不少于40人。参见中央档案馆编《中共党史报告选编》，中共中央党校出版社1982年版，第176页。

副广东人打扮。广东区委派有专人负责接待。当时广东区委对外的代号是'管东渠'。我没有固定住所,时而在谭平山家中,时而在广东区党委机关,有时还住在第三国际代表马林的住所(开滦罢工期间,他曾亲来北方,深入基层,视察工人情况,与我过从较密)。我第一次到广州,道路很不熟悉,几乎每次开会都有人来指引,带我们去会场。"会议期间,代表们也常到杨家祠进行活动。

这段回忆生动地描述了会议代表由"管东渠"安排食宿。"管东渠"是"中国共产党广东区委"的谐音代号。而杨家祠不仅是中共广东区委的活动场所,也是中共三大会议的筹备联络处。

二、寻访中共三大旧址

中共三大在广州召开有着特殊的历史背景。广州是孙中山及其领导的国民党长期进行革命活动的根据地,革命的气息一直比较浓厚。对共产党开展的各项革命活动,孙中山和国民党不但没有进行限制,相反,在一些革命活动中,两党还密切配合、互相支持。来华指导中国共产党工作的共产国际代表马林在给共产国际执行委员会的报告中说:"我们在广州有充分的行动自由,而且只能在这里公开举行党的代表大会和劳动大

会。"① 大约在1923年5月,中共中央机关由上海迁至广州,设领导机关于东山春园。今新河浦22—26号的春园是三栋并列的华侨洋房,为中共广东区委所租用。② 6月召开了中国共产党第三次全国代表大会。

1. 中共三大会议旧址

中华人民共和国成立后,寻找中共三大会议旧址成为党史研究的一个重要任务。

会议是在春园附近临时租用的民居召开的。春园在此期间是共产国际代表马林和毛泽东、张太雷、谭平山、瞿秋白等部分会议代表的住处,中共三大中央委员会也在春园召开。当年同时租用了附近一座民居作为会议的会场和部分代表的住处。广州沦陷前,日军飞机轰炸广州,曾作为中共三大会场的民居被毁。由于历史档案的缺乏和城市环境的变迁,中共三大会址的具体地点到20世纪50年代已经不明确。

查阅1972年12月广州市纪念馆博物馆革命委员会编的

---

① 马林:《致共产国际执行委员会、红色工会国际共产国际执行委员会东方部和东方部远东局(1923年5月31日)》,见中共中央党史研究室第一研究部编《共产国际、联共(布)与中国革命文献资料选辑:1917—1925》,北京图书出版社1997年版,第455页。
② 参见曾庆榴《国民革命与广州》,广州出版社2011年版,第117页。

《关于"中共三大"会址的调查报告》①可知，当时人们开展了广泛的走访调查，并邀请中共三大代表徐梅坤等到现场勘查。徐梅坤同志回忆会址位于广州市恤孤院路西侧，坐西向东，门临马路。并回忆会址北面是逵园，东边可见简园，南边离春园不远。逵园、简园、春园都还存在，为确定会址提供了较为准确的相对位置。2006年1月10日，广州市文物考古研究所开始对中共三大会址区域进行发掘。②

考古勘查揭露的建筑基址的位置、平面布局与原中共三大代表徐梅坤同志及其他相关人员的回忆基本吻合（如图1所示）。对比不同时期的历史地图并进行对位叠加，这处恤孤院路3号位置的建筑在1923年测绘的四区二分署恤孤院后街图（如图2所示）中编号是恤孤院后街31号，在1926—1933年间测绘的广州市经界图（如图3所示）中编号是恤孤院街90号，遗址所揭露的墙基与两份历史地图所标示的建筑边线的位置走向吻合。

在恤孤院路中共三大会议纪念馆，可以看见尚存地下的遗

---

① 参见广州市纪念馆博物馆革命委员会编《关于"中共三大"会址的调查报告》《关于"中共三大"会址调查报告的附件》，1972年。
② 参见广州市文物考古研究所《中共三大旧址考古勘查与复原研究》，见广州市文物考古研究所、广东省文物考古研究所、深圳市文物考古鉴定所编《华南考古2》，文物出版社2018年版。

1923年，从杨家祠到恤孤院后街31号

图1 中共三大会址

址。这里如今是一个小广场，观众可以通过局部的玻璃罩看到地下当年建筑的墙基和台阶；广场上用红色砖标识出当年这座房屋的布局。20世纪70年代的调查还收集了当年参与该建筑建设的建筑工人及附近多位老居民的回忆，均确认该位置原有一座坐西向东的两层砖木结构楼房，与罗章龙的回忆"不很宽的旧式房子"以及徐梅坤的回忆"楼顶有金字架承顶横梁和桁

157

重返杨匏安烈士在广州的历史时空

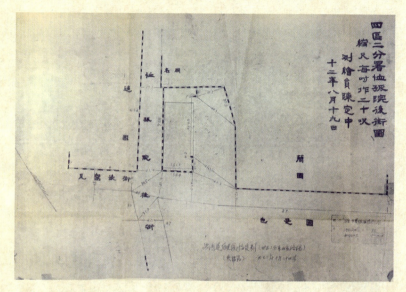

图2 四区二分署恤孤院后街图局部

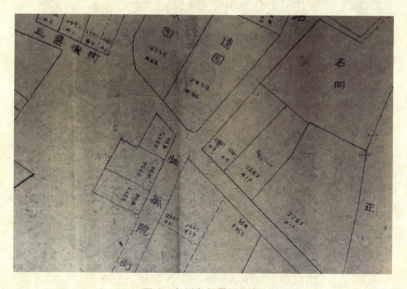

图3 广州市经界图局部

桷""屋顶的侧面近似人字形"等均可相互印证。①

今日同属"中国共产党第三次全国代表大会会址"这一全国重点文物保护单位的,除了会址建筑遗址,还包括附近的春园、简园和逵园。

2. 春园

当年作为中共三大代表住处的春园(如图4所示)是20世纪初美国华侨所建,宅屋坐北向南。三座同样的小洋楼并排矗立,分别是现在新河浦路的22号、24号和26号。"1923年前后,春园亦是党的活动地点。由于东山较静,华侨较多,不怎样引人注目,党的领导人多在这办公。"② 1923年4月,马林到粤,住在春园。中共三大之后苏联顾问也住在春园,廖仲恺

---

① 《关于"中共三大"会址的调查报告》中的参会代表回忆:"1923年6月12—20日,中共三大在广州恤孤院后街31号房子(现恤孤院路3号)召开,这里原是一幢两层砖木结构金字瓦顶的普通房子,坐西向东,门临大街。建筑呈正方形,长阔各约20米,高6米多,第一层约3米,二楼也有3米。底层南边是会议室,北边作饭厅。二楼两间是宿舍,而间墙只有半截,上有金字架承顶横梁和桁桷,顶上没有天花板,仰视就能看见瓦底。一部分代表就住在这里。在楼下的会议室中央,摆放着一张西式长方台子,两边是一列的长条凳,前后两端摆着小方凳,中国共产党第三次全国代表大会就是这样简陋的环境下召开的。"
② 《关于"中共三大"会址的调查报告》中的参会代表回忆。

重返杨匏安烈士在广州的历史时空

图4 春园

经常晚上到春园开会。①

春园面前是新河浦路,再往前便是绿树环抱的新河浦小河。据居民回忆,从前小河还可以通行机动船,涌边有个茨菇塘;当时广九铁路也已开通,这一带交通较为方便,而城市建设还没有大规模开展,从春园可以远眺珠江,周围是池塘、蕉林环绕的空旷的田园风光。

原春园的老居民黎福俊在1972年3月8日接受访谈时提过一个小细节:"在1920年期间,春园周围都无什么屋,只有美华书局这一间房子。1923年苏联顾问加伦和鲍罗廷曾在我家三楼住……那时孙中山曾带卫士从新河浦坐汽艇(电船)来过多次,电船泊在门前埠头。"

这一细节让人联想起,1923年2月孙中山重返广州,建立陆海军大元帅大本营,就任大元帅,帅府大本营设于广东士敏土厂。在这一时期,孙中山的思想和政策发生了重大转变,在共产国际和中国共产党的帮助下,改组中国国民党,促成国共合作,开展国民革命。广东士敏土厂临江原设有码头,或者可以揣想,他正是从这里出发,坐上汽艇,去新河浦会见共产国际的代表,共襄盛举。

---

① 参见广州市纪念馆博物馆革命委员会编《关于"中共三大"会址的调查报告》《关于"中共三大"会址调查报告的附件》,1972年。

3. 简园

简园位于培正路 13 号，当年是恤孤院路 24 号。确切的建设年代没有文字记载，但根据史料可推测为 1920 年左右。[①]民国初年，简园主人简琴石从暹罗（泰国）曼谷回到广州，成为南洋兄弟烟草公司广州方面的负责人，抵抗英美烟草公司长期独霸中国市场，发展民族工业。1926 年年初，简琴石出任广州国民政府参事，旋又就任实际上在共产党领导下的商民协会主席和农工商学联合会总务部主任，一度在政治舞台上相当活跃。1927 年大革命失败，共产党员谭天度在简琴石的资助下逃离广州，避难香港；其后借道上海赴江西，参加南昌起义。[②]

整个简园包括主楼、附属楼、车房、凉亭等，拥有大面积的私人花园（如图 5 所示）。占地面积达 1275 平方米，利用地形设计为正面两层背面三层。建筑风格与 20 世纪初在美国西南海岸盛行的西班牙式建筑风格相接近，外墙使用水泥砂浆材

[①] 参见广东省文物考古研究所编制《全国重点文物保护单位简园修缮方案》。

[②] 有关情况可见诸《中共中央文件选集（2）》所载《中央对于广东市民运动议决案》（中国共产党中央扩大执行委员会会议文件，1926年7月）。在其附件《广东区对于工农商学联合会问题的报告》中，更是突出地提到简琴石。该报告的执笔人是陈独秀之子陈延年。

1923年，从杨家祠到恤孤院后街31号

图5 简园

料批打成凹凸不平的毛面，营造富有质感的效果，颜色呈鲜艳明亮的白色或浅黄色，屋顶为可上人的平屋顶。南向主立面正中，六根塔司干古典柱式以隆重的气势与上部弧形阳台、敞廊一起成为建筑造型的构图中心。

重返杨匏安烈士在广州的历史时空

1921年以后,这里曾经短暂地作为德国驻广州领事馆的办公地点。①1923年2月,谭延闿追随孙中山到广州,任广州陆海军大元帅府大本营内政部部长、建设部部长、代理广州国民政府主席,简园成为谭延闿的公馆。据徐梅坤回忆,中共三大期间,中央局秘书毛泽东曾多次到简园拜访谭延闿,争取他支持国共合作,促进革命统一战线的形成。

在近日的史料梳理中,我们注意到一些以前被忽视的线索。曾参与简园建设的建筑工人在1972年接受访谈时介绍,简园当年由广州发昌建筑店承建,建简园剩余下来的材料被用来在逵园南侧建了一栋民居,业主是发昌店的陈金,这栋民居就是后来被日军炸毁的中共三大会议旧址。② 这个线索或者可以印证,经论证复原为"一幢两层砖木结构金字瓦顶的普通房子"的会议旧址为什么跟周边的洋楼侨房如此不同。

在修缮简园时,发现后院墙用了一批规格很大的老砖。1918年10月,广州市市政公所成立,大规模拆除旧城墙、开

---

① 1914年,第一次世界大战爆发。1917年,中国向德国宣战,驻穗德国领事馆关闭,直到1921年5月德中协约签署后,驻广州的领事馆于9月作为二等总领事馆开始工作。根据《凡尔赛条约》德国将沙面旧址的德国领事馆交还给英国,其驻穗领事馆唯有租房办公,直至1931年在沙面重新有一个馆址。

② 参见广州市纪念馆博物馆革命委员会编《关于"中共三大"会址的调查报告》《关于"中共三大"会址调查报告的附件》,1972年。

辟新城区的工程进入高潮。有史料记载,东山地区不少华侨大宅就近从大东门一带寻购拆下来的城砖用作建材。简园后围墙的这批厚重青砖与越秀山明代城墙砖规格接近,推测正是当年广州拆除的老城墙砖。

4. 逵园

逵园(如图6所示)坐落于恤孤院路9号,为美国华侨马灼文于1922年所建。历经近百年,这栋高三层、钢筋混凝土结构的红砖房子依然保存完好。二楼阳台女儿墙山花上刻有"1922"字样,它是确认中共三大旧址的重要坐标。一直以来,

图6 逵园

一个被人们津津乐道的细节是，当年徐梅坤来现场勘查时，看见了这"1922"字样，遂回忆起开会时每天从会场窗户望出去，正是这般景观，于是更加肯定会议旧址为恤孤院路3号（原恤孤院后街31号）。

三、中共三大会址周边历史地理解读：1923年前后的东山

春园、简园、逵园和如今已成遗址的中共三大会址，分布在恤孤院路和新河浦、培正路一带。寻访红色史迹，神往于那个风云变化的年代；徜徉于一幢幢民国建筑之间，亦情不自禁地追问街头巷尾的来龙去脉。这使我们不由得把目光投注到一张张旧照片、旧地图中，去还原彼时东山片区的历史格局，感受时光之变迁。

东山，特指今天广州越秀区的龟岗、庙前西街、寺贝通津路、培正路、恤孤院路、烟墩路和新河浦一带，每一个路名都值得细细追索。

最早出现在旧地图上的名字是"东山庙"（如图7所示）。《广州城坊志》"东山大街"载："东山寺，在城东，明太监韦眷建。成化间，赐额'永泰'。"因太监所建，俗称"太监寺"，现已不存，但留下了"寺贝通津"这个路名。"寺"即太监寺（东

1923年，从杨家祠到恤孤院后街31号

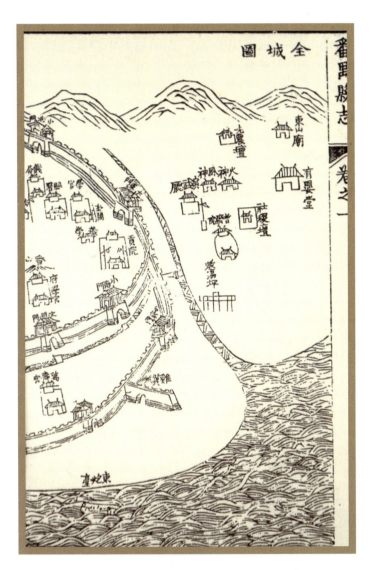

图7 清乾隆年间《番禺县志》卷之一的《全城图》局部

山庙），"贝"即背后之意，"通津"为通往河边码头之意，即"东山寺背后通往河边码头"的那条路。庙前西街亦由此得名。

20世纪初，随着广九铁路广州站选址东山，一改东山荒蛮、偏僻的旧形象。从1923年《广州市区域图》中可以看到广州市市政厅划定市区境界，东山被纳入"广州市权宜（益）区域地图表"中。此后，逐渐可以看见这一片区出现行政管理和行政区域的划分，"东山（警察）分局""东山区公所"等名称陆续出现。

对比广州市第一期新辟马路名称图（推测绘制于1919—1921年间）（如图8所示）和广州市第四期马路全图（成图于1921—1925年间）（如图9所示）是一件有趣的事，数年间东山片区的发展跃然纸上。

1923年，从杨家祠到恤孤院后街31号

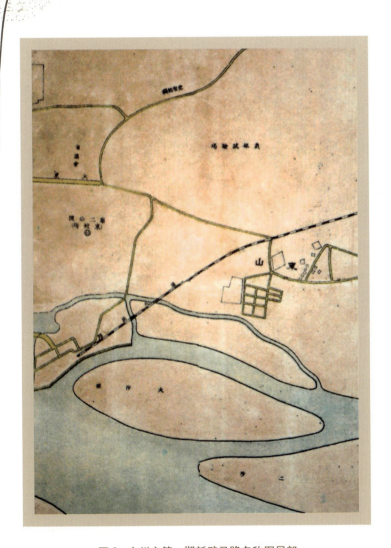

图8 广州市第一期新辟马路名称图局部

重返杨匏安烈士在广州的历史时空

图9 广州市第四期马路全图局部

最早来这里开发建设的是美国南方浸信会广州分会,从清光绪三十三年(1907)开始,先后兴建了福音堂、礼堂、神道学校、恤孤院、培道女学堂、安老院、慕光瞽目学校、美华浸信会书局、医院、中外传教士住宅等。中西神职人员及教众成为东山最早的定居者。

恤孤院街因恤孤院而得名,恤孤院在1938年被日军炸毁。这条路的北端当年有两座教会女学。1903年,美国南方浸信会在东山购地,建设培道女学堂(今广州市第七中学前身)(如图10所示)和两广浸信会神道学堂。该时期东山仍为荒地,

1923年,从杨家祠到恤孤院后街31号

图10 建设中的培道女学堂

有少量农田和树林。1907年，两广浸信会再于培道女学堂对面建设培正男学堂（今培正中学前身）（如图11所示）。1911年，浸信会礼堂在东山建成，为当时广州最大的基督教新教教堂。继浸信会后，包括安息日会、圣公会在内的基督教教派，以及天主教教派陆续进驻。①

在教会经营拓展的同时，各新兴公共事业也纷纷选址东山。1916年，广东公医学校在东山百子岗（今中山大学医学院现址）购地100亩建新校，两年后落成；广州名医邝磐石也于1915年得政府拨给公地建筑医院，院址在木棉岗东北麓（原东山区人民医院现址）；1928年，广州市市长林云陔提出建设东山水厂，一年后建成。

1921年，孙科担任广州市市长，根据英国人霍华德"田园城市"的理论，提出拓展广州东郊为新式住宅区的设想。东山离旧城区不远，临近广九铁路东站，新马路的修建使街区道路网络渐次形成，环境优美，地方广阔，地价便宜。教会的开拓使这里拥有学校和医院等较为完善的基础设施，治安良好。加之这一时期国外的排华措施导致海外华侨回国，所以吸引了大批华侨到此置业安家。于是"地价日增，屋宇日盛"，名园佳筑纷起。简园、逵园和春园也都在这一时期兴建。

---

① 参见彭长歆《广州东山洋楼考》，载《华中建筑》2010年第6期。

1923年，从杨家祠到恤孤院后街31号

图 11 培正男学堂

重返杨匏安烈士在广州的历史时空

中共三大召开的1923年，根据会议代表徐梅坤的访谈回忆："当年的民居和洋房是稀稀疏疏的，不是现在密密麻麻地建满了新型建筑。……在西边屋后，是瓦砾堆和荒草地，距离不远处有一个水塘。在东边门前不远就是简园……经过简园前转个弯，也有一个水塘，塘边有水厕，是烂木板造的，只遮半截身，无上盖，下雨就淋湿身了。"这段文字形象地描述了东山正处于开发建设早期，虽然几座著名侨园已经建成，但房地产投资公司模式的大规模开发建设还没有开始。

1923年的广州市测量图（如图12所示）反映了这一时期的城市面貌。春园南边临河涌应是今新河浦，再往南皆为水塘，水塘西侧有较大体量建筑，标注为警察教练所和皮革公司。有桥通往大沙头。彼时的大沙头还是一座独立的岛屿，图12上所显示的纵横交错的规整路网是1914年10月公布的《广东省城大沙头地势及建筑计划》中的内容。这是一份具有现代意义的城市区域规划，可惜并未实现。如今沧海桑田，大沙头的西部已经与广州陆域连为一体，东部成为今天的东山湖公园。

恤孤院路、龟岗南（今龟岗大马路）及周边的街道网络已经成型。恤孤院路东侧是孤儿院（恤孤院），北端是培正女学校和培道女学堂，培道女学堂对面是培正男学堂；龟岗南的北

端西侧是邮政支局和浸会医院，再往北越过庙前路是署前街，东侧为四区二分署（警察局）和东山公园，或许署前路正因此得名。龟岗南的东侧是东山火柴厂。医院、公园、警察局、邮局、火柴厂……各种前所未见的现代建筑类型如雨后春笋般涌现。这是一段承上启下、中西交汇、新旧接替的历程，是建筑和城市走向现代化的转型期，西学东渐，开风气、益民生。

1923年，从杨家祠到恤孤院后街31号

图12　民国十二年（1923）测绘员陈定中所制定的广州市测量图

1927年，林云陔继任广州市市长，沿用"田园城市"的指导思想，正式提议建设"模范住宅区"——以东山一带已有的侨园屋舍为基础，政府大规模地介入此地的开发和建设当中。一次近代广州最具规模的住宅改良运动就此展开，从龟岗、新河浦一带延伸到竹丝岗及至后期的松岗住宅区（今梅花村），全新的社区居住理念和城市规划手段深入人心，吸引了大批政府官员和回国投资的华侨入住。中华民国海军总司令桂永清、广东省政府主席李汉魂等都曾在此地居住，今培正校友会所在的房子曾是蔡廷锴的府邸。①

新河浦二横路1号润园（如图13所示）是这一时期最常见的侨房。据1936年出生在这里的林永祥老先生介绍，他的曾祖父为加拿大华侨，祖籍台山。为避台山匪患，他的父亲选择在东山置地建房。这座由群益公司承建的三层的红砖小楼，带小花园，水泥、钢材等均为进口建材，质地坚固。这些洋房每层布局基本相同，配备有客厅、卧室、厨房、卫生间和阳台，各层可以独立成套。除了满足自家居住外，多余的楼层还会分层出租以补贴家用。租客往往是领事馆、银行、洋行、学校等机构的高级职员。

---

① 据林永祥先生口述。林永祥，华南理工大学建筑设计研究院总建筑师，1936年出生于东山新河浦二横路1号润园，曾就读于培正小学、培正中学和华南理工大学建筑学院。1938年，日军轰炸东山一带，他跟随家人前往香港避难。1945年返回润园生活至今。

1923年，从杨家祠到恤孤院后街31号

图 13 润园

与简园一墙之隔的慎园（如图 14 所示）是侨商曹冠英在 1936 年所建，由留美建筑师雷佑康设计，带有当时流行的西班牙式建筑风格。有意思的是，简园最初的主人简琴石和慎园主人曹冠英分别是中国近代史上规模数一数二的民族烟草企业——南洋烟草和华成烟草的华南地区负责人。当他们先后与英美烟草商激烈竞争，打响"国货保卫战"时，也许并未料想到两人会有一段先后毗邻结庐于广州东山的缘分。

东山的侨园建筑既有润园、明园、逵园这样较为朴实的红砖小楼，亦有简园、慎园这般造型新颖、别具风情的高级洋房。比起旧城区鳞次栉比、连甍接栋的传统居屋，东山的这些整洁、明亮、坚固、卫浴设施齐全的花园小区不仅仅是模范住宅的范式，也展现了一种更为健康、文明、卫生的生活方式。

1923年，从杨家祠到恤孤院后街31号

图 14　慎园

四、今日之东山

将 20 世纪 20 年代的旧地图与今日之东山地图叠加，道路网络依旧，时间以这样的方式沉淀下来。如今的恤孤院路 3 号是喧嚣市井中一处难得的静地。数片格局清晰、肌理依旧的历史街区，一座座中西合璧的洋楼，掩隐在地下的中共三大会址，见证了 20 世纪 20 年代那个革命浪潮汹涌、形势风云变幻的时代，其间演绎过多少大人物的命运、小人物的悲欢。在百年前这场特殊的现代化转型和蜕变中，不论是城市建设的各种改良与变革，还是革命大潮的风起云涌，其间蕴含的动力都是对美好生活恒久的向往。

觅得初心，方可照见未来。

红色之路：由杨匏安足迹看中共早期革命活动在广州的空间分布*

中国马克思主义传播的先驱、中共创建时期的成员之一杨匏安，从中共创建到大革命时期，在广州开展了大量马克思主义宣传活动与革命工作。该时期也是中共早期发展的一段重要时期，包括中共创建、开展国民革命、组织农民运动、领导工人运动等一系列重大事件，都在广州留下了众多史迹。本文将基于1918—1927年间杨匏安在广州的足迹，梳理该时期中共革命活动史迹，并结合当时广州城市交通建设与历史空间变迁，探讨中共早期革命活动在广州的空间分布情况。

---

* 本文史料由广州市岭南建筑研究中心郑宇、孙海刚帮助整理。

一、杨匏安的"广州足迹"

1. 杨匏安在广州的主要活动地点（1918—1927年）

1910年，杨匏安由家乡香山县（今珠海市）南屏镇北山村奔赴省城的广东省高等学堂（今广雅中学）附中求学。1918年，杨匏安举家迁往广州，长期居住在司后街（今越秀区越华路）的杨家祠及社仁坊。他先到时敏中学任教，又在《广东中华新报》任兼职记者，还到过南武中学和广东甲科工业学校兼课。1921年，杨匏安在广州高第街素波巷（今广州市第十中学）加入中国共产党。1922年5月，杨匏安参加了在东园（今越秀区东园路一带）举行的中国社会主义青年团第一次全国代表大会。1923年，杨匏安担任粤汉铁路广州分局编辑室主任，编辑出版《粤路丛报》等刊物，并在黄沙海傍街开设"北江商运局"。是年6月，他参加了中共三大（会址在今越秀区恤孤院路3号）的筹备工作。1924年，杨匏安参加国民党"一大"（会址在今越秀区文明路215号）。1925年，他在东园组织领导省港大罢工。1926年，杨匏安参加在省咨议局大楼（今广东革命历史博物馆）召开的国民党"二大"。1927年4月，杨匏安离开广州，结束了他在广州的革命岁月。

1918—1927年间，杨匏安在广州的主要活动地点汇总如下（见表1）。

表1 杨匏安在广州的主要活动地点（1918—1927年）

序号	活动地点	史迹与地址	杨匏安相关事迹
1	杨家祠	杨家祠，今广州市越秀区越华路116号	杨匏安在广州时期的主要居所，也是中共活动重要据点之一
2	社仁坊	社仁坊旧址，今广州市越秀区政府东侧公园	杨匏安在广州生活后期曾搬到此处居住，该址是杨匏安在广州的第二个住所
3	时敏中学	时敏桥，今广州市荔湾区多宝路39号	1918年，杨匏安在该校任教。学校现已不存，附近的时敏桥是留存下来的唯一历史印记
4	《广东中华新报》报社	《广东中华新报》旧址，今广州市荔湾区光复中路	杨匏安曾在该报社兼职专栏作家。报社社址在西关第七甫58号
5	《粤路丛报》报社	《粤路丛报》社址，今广州市荔湾区黄沙地带	1923年，杨匏安担任粤汉铁路局黄沙地段党支部书记，并任职《粤路丛报》编辑。该报社社址位于黄沙商办粤路总公司办报处
6	广东宣传员养成所	广东宣传员养成所遗址，今广州市越秀区素波巷30号广州第十中学内	1921年，陈独秀在此主持创办了广东省立宣传员养成所
7	南武中学	南武中学，今广州市海珠区同福中路	杨匏安曾在该校任教

续表1

序号	活动地点	史迹与地址	杨匏安相关事迹
8	中共广东区委机关	中共广东区委旧址,今广州市越秀区文明路194~200号	1924—1927年,中共两广区委机关在此办公
9	中共三大会址	中共三大会址,今广州市越秀区恤孤院路3号	1923年,中国共产党在此召开第三次全国代表大会,杨匏安参与了大会相关工作
10	国民党"一大"会址	国民党"一大"会址,今广州市越秀区文明路215号	1924年,国民党"一大"在此召开,会议推举杨匏安为国民党中央组织部秘书
11	团一大与省港大罢工委员会	团一大会址与省港大罢工委员会旧址,今广州市越秀区东园横路3号	1925年,杨匏安等人在此组织与领导省港大罢工
12	国民党中央党部	国民党中央党部旧址,今广州市越秀区越秀南路93号中华总工会旧址,即惠州会馆和中华全国总工会旧址	1924年,国民党中央党部在此成立
13	广东省咨议局大楼	广东省咨议局旧址,今广州市越秀区陵园西路2号	1926年,国民党在此召开了第二次全国代表大会。杨匏安当选为中央执行委员和中央常委
14	东较场	东较场旧址,今广州市越秀区中山三路省体育场一带	杨匏安等人曾在此领导工人运动

2. 杨匏安在广州主要活动路径分析（1918—1927年）

1918—1920年间，杨匏安在广州的足迹多往返于城内外之间。城内地点有杨家祠、广东宣传员养成所等，城外地点包括西关地区的时敏中学、《广东中华新报》报社、《粤路丛报》报社及河南地区的南武中学等。各活动地点之间距离较远，空间分布较为分散。结合当时广州新式马路、桥梁等交通建设状况，大致分析该时期杨匏安在广州主要活动路径如下（如图1所示）。

（1）由杨家祠至广东宣传员养成所：杨家祠—越华路—吉祥路—惠爱路（今中山四路、五路）—维新路（今起义路）—高第街—广东宣传员养成所（今广州市第十中学）。

（2）由杨家祠至《广东中华新报》报社、时敏中学：杨家祠—越华路—惠爱路（今中山四路、五路）—丰宁路（今人民中路）—西关第七甫—《广东中华新报》报社（今光复中路）—西关街巷/河涌—时敏中学（今荔湾区多宝路广州水文分局一带）。

（3）由杨家祠至《粤路丛报》报社：杨家祠—越华路—吉祥路—惠爱路（今中山四路、五路）—维新路（今起义路）—长堤大马路—沙基马路（今六二三路）—粤汉铁路广州分局/《粤路丛报》报社（今荔湾区黄沙地带）。

重返杨匏安烈士在广州的历史时空

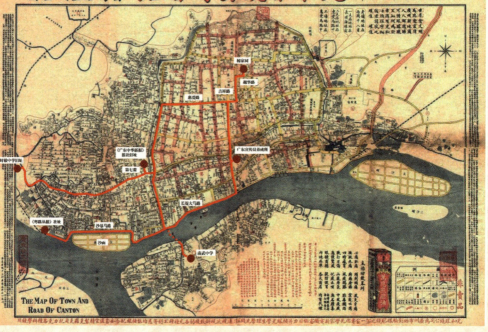

图1 1918—1920年杨匏安在广州主要活动路径的推测[1]

---

[1] 绘图：孙海刚。底图为《最新测绘广州市面马路区域全图》，粤东省城十三行华商五彩石印局刊，无成图时间，推测成图时间在20世纪20年代初。

（4）由杨家祠至南武中学：杨家祠—越华路—惠爱路（今中山四路、五路）—丰宁路（今人民中路）—太平路（今人民南路）—长堤码头—南武中学（今海珠区同福中路）。

1921年杨匏安加入中国共产党，至1924年国民党"一大"召开，这期间杨匏安的活动足迹基本围绕中共党组织相关活动展开。杨匏安的居所杨家祠成为该时期党组织在广州的重要活动据点。以此为起点，他曾到过东园参加团一大，到过东山参与中共三大筹备工作，到过文明路的广东高等师范学校钟楼礼堂参加国民党"一大"，并在文明路中共广东区委机关办公等。因此，该时期杨匏安的足迹主要集中在文明路、越秀南路及东山地区的恤孤院路一带，文明路、越秀南路等新式大马路也皆在此时建成。结合当时广州马路交通建成情况，大致分析杨匏安在该时期主要活动路径如下（如图2所示）。

杨家祠—越华路—广仁路—广大路—惠爱路（今中山四路、五路）—文德路—文明路（今国民党"一大"会址、中共广东区委机关旧址）—越秀南路（今团一大旧址、东园旧址）—恤孤院路（今中共三大会址）。

重返杨匏安烈士在广州的历史时空

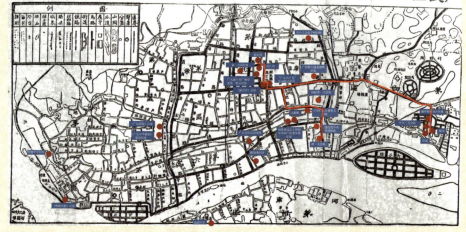

图2 1921—1923年杨匏安在广州主要活动路径的推测[1]

1924—1927年大革命时期，杨匏安在广州广泛开展工人运动，组织和领导省港大罢工、参加国民党"二大"等，他的活动轨迹主要集中在东园、东较场一带。结合当时广州马路交通建设，推测该时期杨匏安主要活动路径如见图3所示。

杨家祠—越华路—广仁路—广大路—中共广州市委第一机关（今广大路中共广州市委第一机关旧址）—惠爱路（今中山四路、五路）—大东路（今中山三路）—东较场（今广东省人民体育场一带）／国民党"二大"会址（今广东革命历史博物馆）／省港大罢工委员会（今省港大罢工委员会旧址）。

---

[1] 绘图：孙海刚。底图为1923年的广州市马路街道图。

红色之路：由杨匏安足迹看中共早期革命活动在广州的空间分布

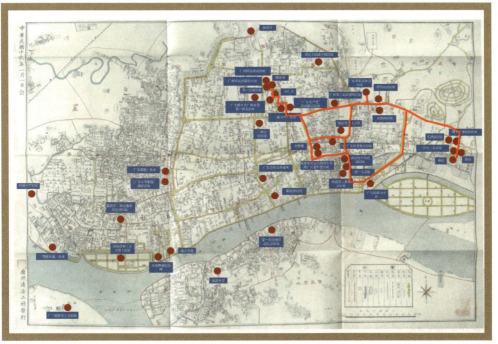

图3 1924—1927年杨匏安先生在广州主要活动路径的推测[1]

---

[1] 绘图：孙海刚。底图为广州市第四期马路全图，1927年制定，广州远安工社发行。

二、中共创建前后至大革命时期在广州活动地点和场所

1. 1918—1920 年,建党之前的活动轨迹

杨匏安自1918年定居广州后,于1918—1920年间兼任《广东中华新报》记者,在该报发表多篇长文介绍马克思主义,《广东中华新报》社址位于西关第七甫58号。此后,谭平山、陈公博、谭植棠等人于1920年8月成立了广州社会主义青年团,① 又于10月间创办了《广东群报》,该报作为中共广东党组织的机关报,成为南方宣传马克思主义的主要阵地。《广东群报》社址位于西关第七甫的100号,与《广东中华新报》同在第七甫。西关第七甫是民国时期广州著名的报馆街,曾一度云集上百家报馆。20世纪30年代,第七甫改建成马路,命名为"光复中路",即今天的荔湾区光复中路。

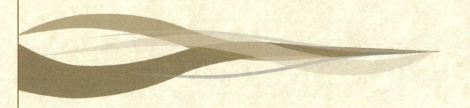

---

① 参见谭平山《在广东社会主义青年团成立会上的致答词》(1922年3月14日);见《谭平山文集》,人民出版社1986年版,第243页。文中说:"广州区在前年8月亦经成立。"

1920年9月，俄共（布）党员到广州，以俄政府代表的名义在东山恤孤院路15号成立俄罗斯通讯社（罗斯塔）。① 共产国际代表与梁冰弦、黄凌霜、区声白、黄尊生等人于1920年秋成立广东共产党。② 广东共产党租用永汉北路光光眼镜店二楼（今越秀区北京路太平馆西餐厅对面）作为活动地点。是年12月，陈独秀来粤出任广东省教育委员会委员长，并指导和参加建立广州共产党组织。陈独秀在广州的居所位于距珠江不远的泰康路附近回龙里九曲巷11号"看云楼"（今越秀区海珠广场东侧回龙路一带）。

2. 1921—1923年，建党初期的活动轨迹

1921年1月，陈独秀在广东省公立法政学校（今越秀区法政路一带）做题为《社会主义批评》的演讲。3月，在陈独秀的主持下，谭平山、陈公博、谭植棠等人在高第街素波巷（今广州市第十中学内）成立广州共产党小组。③ 与杨章甫在杨家祠举办注音字母训练班，杨家祠成为党组织的活动据点。4

---

① 参见《斯托扬诺维奇给某人的信（1920年9月29日）》，见中共中央党史研究室第一研究部编《共产国际、联共（布）与中国国民革命运动（1920—1925）》，北京图书馆出版社1997年版，第43页。

② 参见《广州共产党的报告》，见中央档案馆编《中共中央文件选集》（第一册），中央党校出版社1982年版，第20～29页。

③ 陈公博提交党的一大的报告，称广州早期党组织为"广州共产党"。此外，陈公博在《寒风集》中写道："由我们三人成立广州共产党。"

月,《新青年》杂志社由上海迁至广州,在昌兴街26～28号(今越秀区中山五路昌兴街26号、28号)设立新址。《新青年》与《广东群报》等机关刊物成为该时期宣扬马克思主义的重要理论阵地。6月,陈独秀在素波巷主持创办了广东省立宣传员养成所。养成所成为广东早期共产党组织培养理论、宣传干部的一所重要学校。

1922年5月1日,广州市民在第一公园(今广州市人民公园)举行庆祝五一国际劳动节大会。当晚,第一次全国劳动大会开幕式在广东机器工会(今海珠区滨江西路232号第一次全国劳动大会旧址)举行。5月5日,中国社会主义青年团全国第一次代表大会在东园(今越秀区团一大广场一带)开幕,杨匏安作为广东区社会主义青年团代理区委书记参加了该次大会。

1923年6月,中共三大在东山僻静的华侨聚居区——东山恤孤院路后街31号(今越秀区恤孤院路3号)召开,杨匏安参与筹备了本次大会。同时期,中共中央迁至广州,领导机关设在东山春园。春园也是中共三大召开期间李大钊、毛泽东、张太雷等代表的居住地,毛泽东等人还常到附近的简园(今越秀区恤孤院路24号)活动。[1]6—7月,党的机关刊物《新青年》《前锋》由广州平民出版社出版,平民出版社位于广州司后街(今越秀区越华路)45号。

---

[1] 参见曾庆榴《国民革命与广州》,广州出版社2011年版,第117页。

3. 1924—1927 年，大革命时期的活动轨迹

1924 年 1 月底至 2 月中旬，中共中央决定撤销广东区委，成立中共广州地方执行委员会。10 月中下旬，中共中央决定将中共广州地方执行委员会改组为中共广东区执行委员会，杨匏安任区委监察委员。中共两广区委机关设在文明路的一座四栋三层相连的骑楼中（今越秀区文明路中共广东区委旧址纪念馆）。骑楼二楼作为共青团区委机关，三楼作为中共广东区委机关，周恩来、陈延年、杨匏安等都曾在此办公。

1924 年 5 月，中共中央召开会议，决定在中央农民部之下成立农民运动委员会。广州周边的番禺、花县（今广州市花都区）等地成为当时开展农民运动的重点地区。彭湃、阮啸仙等人曾以国民党中央农民部特派员的身份到花县开展农民运动。7 月 3 日，第一届广州农民运动讲习所在惠州会馆（今越秀区越秀南路 93 号中华总工会旧址，也是第一届至第二届农讲所所址）正式开学，彭湃任农讲所主任。7 月，广州市郊第一区农民协会在芳村谢家祠成立，彭湃、廖仲恺等出席开幕盛典，① 这是广州市成立最早的区农民协会。

1925 年 1 月，第三届农讲所在广州东皋大道 1 号（今越秀区中山三路东皋大道礼兴街 6 号）开课，阮啸仙为主任。5

---

① 参见《市郊农协会开幕记》，载《广州民国日报》，1924 年 8 月 18 日。

月1日，广东省第一次农民代表大会也在此召开，广东省农民协会成立。6月19日，为支援上海人民五卅反帝爱国运动，杨匏安与邓中夏等赴香港，配合苏兆征发动省港大罢工，省港大罢工委员会产生，杨匏安任顾问，会址设在东园（今越秀区东园横路省港大罢工纪念馆），东园也成为省港大罢工工人代表大会、省港大罢工纠察队总队的所在地，是当时南中国工人运动的领导和指挥中心。10月，毛泽东来广州，任国民党中央宣传部代理部长，居住在东山庙前西街38号（今越秀区庙前西街38号）。

1926年5月，第三次全国劳动大会和第二次广东省农民代表大会在省咨议局大楼（今广东革命历史博物馆）举行。5月3日，广州第六届农讲所在番禺学宫（今越秀区中山四路42号农讲所旧址）开学，毛泽东任所长。1926年5月至1927年4月，中共广东区委军委从文明路的区委总部搬至万福路190号二楼。

1927年4月22日，在广东区委组织部部长穆青的主持下，中共广州市委在广大路广大二巷4号四楼成立，并在此举行了中共广州市委第一次会议。1927年12月，广州起义爆发，在市公安局（今广州公社旧址）建立了东亚第一个城市苏维埃政权——广州苏维埃政府，又称作"广州公社"。

三、中共早期革命史迹在广州的空间分布

1. 史迹类型

通过分析1918—1927年间中共早期革命活动,共梳理出该时期在广州的革命史迹59处(见表2)。根据革命史迹的性质与历史意义,可大致分成四类,具体如下。

(1)中共创建时期史迹(20处)。包括杨家祠、社仁坊、时敏桥与时敏中学旧址、《广东中华新报》社址、《粤路丛报》社址、俄罗斯通讯社旧址、广东共产党活动据点旧址、陈独秀旧居、省公立法政学校旧址、南武中学、《新青年》社址、广东宣传员养成所遗址、第一公园旧址、中国劳动组合书记部南方分部旧址、第一次全国劳动大会旧址、团一大旧址、中共三大旧址、春园、简园、广州平民出版社旧址。

(2)国民革命活动史迹(14处)。包括国民党"一大"旧址、南方大厦、中共广东区委旧址、周恩来同志主持的中共两广区委军委旧址、文德楼、广大路中共广州市委第一机关旧址、陈铁军与周文雍革命活动旧址、黄埔军校旧址、广州国民政府旧址、毛泽东旧居、国民党中央执行委员会旧址(广东咨议局旧址)、广州公社旧址、中共新塘地区党支部旧址、南石头监狱旧址。

（3）农民运动史迹（13处）。包括广州市郊第一区农民协会旧址、广州市郊第三区农民协会会址、花县第一届农会旧址、花县九湖乡农民协会旧址、花县元田村农民协会旧址、知行农民协会旧址、连珠村任氏宗祠、王福三墓、广东省农民协会旧址、珠村农民协会旧址、钟村农民协会旧址、广州农民运动讲习所旧址、林宝宸烈士墓。

（4）工人运动史迹（12处）。包括广州工人代表会旧址（中华全国总工会旧址）、沙面洋务工人大罢工旧址、广三铁路总工会旧址、沙基惨案纪念碑、沙基惨案烈士墓、海员亭、东较场旧址、省港大罢工委员会旧址、林伟民墓、潘兆銮烈士墓、何耀全烈士墓、黄驹烈士墓。

红色之路：由杨匏安足迹看中共早期革命活动在广州的空间分布

表2　中共广州早期革命史迹（59处）

类别	序号	名称	所在区	级别
中共创建时期史迹（20处）	1	杨家祠	越秀区	市保
	2	社仁坊	越秀区	—
	3	时敏桥与时敏中学旧址	荔湾区	历史建筑
	4	《广东中华新报》社址	荔湾区	—
	5	《粤路丛报》社址	荔湾区	—
	6	俄罗斯通讯社旧址	越秀区	—
	7	广东共产党活动据点旧址	越秀区	—
	8	陈独秀旧居	越秀区	—
	9	省公立法政学校旧址	越秀区	—
	10	南武中学	海珠区	—
	11	《新青年》社址	越秀区	市登记
	12	广东宣传员养成所遗址	越秀区	区登记
	13	第一公园旧址	越秀区	区登记
	14	中国劳动组合书记部南方分部旧址	越秀区	市保
	15	第一次全国劳动大会旧址	海珠区	市保
	16	团一大旧址	越秀区	—
	17	中共三大旧址	越秀区	国保
	18	春园	越秀区	国保
	19	简园	越秀区	国保
	20	广州平民出版社旧址	越秀区	—
国民革命活动史迹（14处）	21	国民党"一大"旧址	越秀区	国保
	22	南方大厦	越秀区	市保
	23	中共广东区委旧址	越秀区	省保
	24	周恩来同志主持的中共两广区委军委旧址	越秀区	省保
	25	文德楼	越秀区	市保
	26	广大路中共广州市委第一机关旧址	越秀区	市登记
	27	陈铁军与周文雍革命活动旧址	荔湾区	市保
	28	黄埔军校旧址	黄埔区	国保
	29	广州国民政府旧址	越秀区	市保
	30	毛泽东旧居	越秀区	—
	31	国民党中央执行委员会旧址（广东省咨议局旧址）	越秀区	国保
	32	广州公社旧址	越秀区	国保
	33	中共新塘地区党支部旧址	增城区	区保
	34	南石头监狱旧址	海珠区	—

197

续表2

类别	序号	名称	所在区	级别
农民运动史迹（13处）	35	广州市郊第一区农民协会旧址	荔湾区	市保
	36	广州市郊第三区农民协会旧址	荔湾区	—
	37	花县第一届农会旧址	花都区	市保
	38	花县九湖乡农民协会旧址	花都区	区登记
	39	花县元田村农民协会旧址	花都区	区登记
	40	知行农民协会旧址	花都区	区登记
	41	连珠村任氏宗祠	花都区	区登记
	42	王福三墓	花都区	区登记
	43	广东省农民协会旧址	越秀区	省保
	44	珠村农民协会旧址	天河区	区保
	45	钟村农民协会旧址	番禺区	—
	46	广州农民运动讲习所旧址	越秀区	国保
	47	林宝宸烈士墓	天河区	区保
工人运动史迹（12处）	48	广州工人代表会旧址（中华全国总工会旧址）	越秀区	国保
	49	沙面洋务工人大罢工旧址	荔湾区	—
	50	广三铁路总工会旧址	荔湾区	—
	51	沙基惨案纪念碑	荔湾区	市保
	52	沙基惨案烈士墓	天河区	市保
	53	海员亭	越秀区	市保
	54	东较场旧址	越秀区	—
	55	省港大罢工委员会旧址	越秀区	省保
	56	林伟民墓	天河区	市保
	57	潘兆銮烈士墓	天河区	区保
	58	何耀全烈士墓	天河区	区保
	59	黄驹烈士墓	天河区	区登记

2. 空间分布

59处中共广州早期革命史迹在今天广州市域的位置分布，主要位于越秀区、荔湾区、海珠区、天河区、番禺区、黄埔区、增城区、花都区8个区。其中，越秀区31处，荔湾区9处，海珠区3处，天河区7处，黄埔区1处，增城区1处，花都区6处，番禺区1处。史迹区位总体呈现出"城区多于郊区，城区集中于越秀"的空间分布特征，与1918—1927年间广州城市空间历史变迁及交通发展直接相关（如图4所示）。

图4 中共早期革命史迹在广州市域的分布[①]

---

① 绘图：孙海刚。

重返杨匏安烈士在广州的历史时空

（1）1918—1920 年：在此时期，史迹分布以城内永汉路（今北京路）一带为主。

清代广州城分成内城与外城，内城城垣范围东至今越秀路，北跨越秀山，南抵今文明路、大南路、大德路，西达今人民路；外城位于内城以南，城垣范围南至今万福路、泰康路、一德路。新旧两城构成北倚越秀山、南临珠江水的背山面水形制。民国以后虽拆城筑路，但古城格局仍存。1918—1920 年间正是广州城市建设现代化蓬勃兴起的阶段，广州市市政公所成立（1918 年），拆除了外城南城墙，在城墙基础上铺筑起一德路、泰康路与万福路；另外，扩宽城内街道路网，修筑起白云路、太平路、丰宁路、惠爱路、一德路、永汉北路、惠福路、文德路、吉祥路、维新南路、大东路、泰康路、德宣中路、广卫路、文明路、德宣西路、越华路、靖海路 18 段新式马路。① 该时期广州新式马路建设基本都聚焦在城内的永汉路（今北京路）与惠爱路（今中山四路、五路）一带的行政中枢与经济中心区域。

1918—1920 年间，中共革命史迹分布在城内者居多，包括广东共产党活动据点旧址、陈独秀旧居、杨家祠、广东宣传

---

① 参见广州市市政厅总务科编《广州市市政报告专刊》，广州市市政厅 1924 年版，第 140 页。

员养成所遗址、《新青年》社址等，尤其集中在当时城内永汉路与惠爱路一带。这片区域也是广州城内官署行政机构及经济活动的重要区域，更是市政公所时期开展拆城筑路等市政建设的主要地区。新式马路路网的形成提升了城内行政中枢地带的交通便捷性，并逐步与城外的珠江水路相互连通，从而进一步影响了革命史迹地理分布的空间区位选择。此外，广州城外在西关、东山及河南地区零散分布着多个革命史迹点，如《广东群报》社址、俄罗斯通讯社旧址、省公立法政学校旧址以及南武中学等。由于城外的西关、东山与河南地区在当时尚未开启市政改良建设，现代化的市政设施还没有扩展到城郊，新式马路路网也未在此修筑或成型，因而交通道路类型仍然以传统街巷及濠涌水路为主，这也成为城外革命史迹在该段时期分布较少且区位分散的一个重要原因（如图5所示）。

重返杨匏安烈士在广州的历史时空

图5 1918—1920年中共革命史迹在广州的分布情况①

① 绘图：孙海刚。底图为《最新测绘广州市面马路区域全图》。

（2）1921—1923年：史迹分布集中在城内文明路、越秀南路以及东山新河浦一带，并由城区向城郊扩散；农民运动史迹在周边县地大量出现。

1921年广州市市政厅成立，加强了对广州城市发展建设的推进。包括在内城墙基上建成了盘福路、太平路、越秀路、大南路、文明路与大德路等路段，以及在城内修筑起公园前路、昌兴路、吉祥北路、广仁路、官禄路、马棚岗干路与支路等路段。① 西关地区由孙科主导开辟西关六街（靖远街、同兴街、同文街、德兴街、永安街、荣阳街），修筑沙基马路。② 东山地区开发围绕广九火车站，向外放射状修筑多条新式马路，如东濠路、白云路、越秀南路等。河南地区因隔珠江而与广州旧城分开，发展缓慢，除珠江沿岸开辟有些许街市外，河南大部分地区在该时期仍是一片乡村风貌。

该时期中共革命史迹，仍然主要分布在广州城内。城内史迹以当时中共机关办公地及重要会议活动发生地为主，包括国民党"一大"会址、中共广东区委旧址、周恩来同志主持的中共两广区委军委旧址、文德楼、团一大旧址、国民党中央党部

---

① 参见广州市市政厅总务科编《广州市市政报告专刊》，广州市市政厅1924年版，第141页。
② 参见广州市市政厅编辑股编《广州市市政报告汇刊1928（一）》，大象出版社2009年版，第151页。

旧址、第一公园旧址、广州第六届农讲所旧址等。这些史迹集中在广州城内行政中枢区域,沿永汉路、惠爱路、文明路、越秀南路等主要马路分布。城外史迹主要在东山,如恤孤院路一带华侨聚居区中的中共三大会址、春园、简园等(如图6所示)。

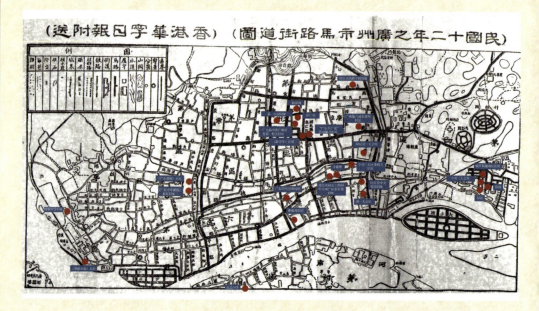

图6　1921—1923年中共革命史迹在广州的分布情况[①]

---

① 绘图:孙海刚。底图为1923年的广州市马路街道图。

该时期随着农民运动的兴起,广州周边的芳村、花县、黄埔、番禺、增城等县地相继出现众多农民运动革命史迹,包括广州市郊第一区农民协会旧址、广州市郊第三区农民协会旧址、花县第一届农会旧址、花县九湖乡农民协会旧址、花县元田村农民协会旧址、知行农民协会旧址、珠村农民协会旧址、钟村农民协会旧址等,其中尤以花县史迹数目最多,可见该时期是花县党组织发展的一个重要的历史时期。

(3) 1924—1927年:史迹分布集中在东园、农讲所、东较场一带,工人运动史迹遍及市区多地。

1924—1927年,广州城内新筑马路网趋于完善。西面自大北门至珠江边从北向南辟成盘福北路、盘福路、长庚路、丰宁路、太平路;东面自小北门至珠江边从北向南辟成越秀北路、越秀中路和越秀南路;南面自西向东在内城墙基上为大德路、大南路、文明路,在外城墙基上为一德路、泰康路、万福路。城内横贯东西是惠爱东、中、西路,城外再往东是大东路。东、西面马路贴近东、西濠内侧,越秀南路末段没有通向江边,而是拐向东面,连接广九铁路火车站,沟通交通动脉。

大革命时期,中共革命史迹分布情况为:在东较场一带分布有广东省农民协会旧址、第三届至第四届农讲所所址、第六届农讲所旧址、广东省第一次农民代表大会会址等农民运动相关史迹;在东园一带则分布着第二次全国劳动大会旧址、省

重返杨匏安烈士在广州的历史时空

港大罢工工人代表大会旧址、省港大罢工纠察队总队旧址等工人运动相关史迹，东园成为这段时期南中国工人运动的领导与指挥中心。这些史迹均有会场、广场、讲习所等公共功能，涉及参会、集会、游行等大型群众性活动，故选址在广州东郊的东园、东较场等空旷地带，并邻近主要马路干道（如东堤大马路、越秀南路、东川路等）、广九铁路及珠江水路，交通便捷通畅。此外，在沙面还分布有沙面洋务工人大罢工旧址、沙基惨案纪念碑，在芳村有广三铁路总工会旧址，在越秀山立有海员亭，在天河分布有林伟民墓、潘兆銮烈士墓、何耀全烈士墓、黄驹烈士墓等多位工人运动领袖墓地，与工人运动相关的史迹遍及市区多处（如图7所示）。

红色之路：由杨匏安足迹看中共早期革命活动在广州的空间分布

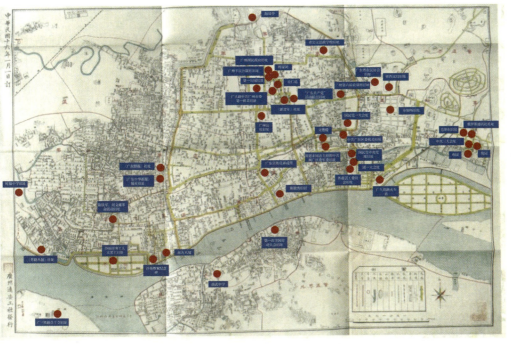

图7 1924—1927年中共革命史迹在广州的分布情况[①]

---

① 绘图：孙海刚。底图为广州市第四期马路全图，1927年制定，广州远安工社发行。

207

四、结语

杨匏安在广州居住工作之时,正是中共早期革命活动在广州开展的重要时期,也是广州市政建设的现代化变革时期。本文通过追溯杨匏安在该时期的广州足迹,结合当时中共革命活动,梳理出近10年的中共早期革命史迹。这些史迹数量众多,分布广泛,在空间区位上呈现出"城区多于郊区,城区集中于越秀"的分布特征。同时,在中共早期发展的时间脉络下,革命史迹区位也不断发生变迁,由最初集中在城内的永汉路、惠爱路区域,不断向东、向南扩展,延伸到文明路、越秀南路、大东路、东较场、广九铁路火车站以及东山新河浦一带,体现出革命活动空间演变与不同时期城市历史环境及市政道路建设变化的密切关联。此外,在广州周边的花县、芳村、黄埔等郊区县地也分布着大量农民运动史迹。工人运动史迹在该时期的集中出现也是当时革命活动的重要特征。